江苏高校哲学社会科学研究一般项目"经济转型升级背景下物流服务供需协同研究"（2020SJA0687）

数字时代现代物流创新与实践研究

樊 华 著

河北科学技术出版社
·石家庄·

图书在版编目（CIP）数据

数字时代现代物流创新与实践研究 / 樊华著．

石家庄：河北科学技术出版社，2025.3. -- ISBN 978
-7-5717-2358-3

Ⅰ．F252

中国国家版本馆 CIP 数据核字第 20254FZ278 号

数字时代现代物流创新与实践研究
SHUZI SHIDAI XIANDAI WULIU CHUANGXIN YU SHIJIAN YANJIU

樊华 著

责任编辑	刘建鑫	
责任校对	李嘉腾	
美术编辑	张　帆	
封面设计	寒　露	
出版发行	河北科学技术出版社	
地　　址	石家庄市友谊北大街 330 号（邮编：050061）	
印　　刷	定州启航印刷有限公司	
开　　本	710mm×1000mm　1/16	
印　　张	17.5	
字　　数	220 千字	
版　　次	2025 年 3 月第 1 版	
印　　次	2025 年 3 月第 1 次印刷	
书　　号	ISBN 978-7-5717-2358-3	
定　　价	98.00 元	

前言

数字时代与现代物流发展

随着全球化、科技进步及经济增长，现代物流已经成为支撑社会经济发展的核心要素。物流不仅关乎产品从供应链的一端移动到另一端的流动，更关乎如何更快、更高效、更经济地实现这一流动，从而满足消费者的需求。

当前，我国的数字技术创新能力持续提升，在移动互联网、集成电路、人工智能、高性能计算、数据库、操作系统等方面取得重要进展。我国正逐步夯实数字基础设施，持续拓展网络基础设施覆盖广度和深度，推进算力基础设施优化布局，加快提升应用基础设施水平。同时，数字技术协同创新生态不断优化，数字技术创新联合体建设正积极推进。

2022 年，我国数字经济规模达 50.2 万亿元，总量稳居世界第二，占国内生产总值比重提升至 41.5%。我国数字产业规模稳步增长，数字技术和实体经济融合日益深化，新业态新模式不断涌现，数字企业加快推进技术、产品与服务创新能力提升。数字经济正成为我国稳增长促转型的重要引擎，是构筑国家竞争新优势的有力支撑。

"十三五"期间，我国物流总额保持稳定增长，2020 年超过 300 万亿元，年均增速达 5.6%。但物流降本增效仍需深化，全国统一大市场尚不健全，物流资源要素配置不合理、利用不充分。我国物流领域仍然存在多式联运体系有待完善，跨运输方式、跨作业环节衔接转换效率有待提高，载运单元标准化程度有待提升，全链条运行效率有待提高、成本有待降低的问题。

数字技术对完善现代物流服务体系、延伸物流服务价值链条作用显著，对构建支撑国内国际双循环的物流服务体系，实现物流网络高效联通意义深远。物流业数字化转型深入推进，现代物流发展与创新如影随形，并落实在企业的商业实践中。

物流数字化正加快向全产业链延伸，创新潜能正被深入挖掘。本书将深入探讨当前数字化、智能化的时代背景下，现代物流的创新与实践。

本书的特色

本书基于数字时代背景，提出了一条现代物流创新与实践的商业路径，能够帮助读者了解数字化环境下流通业发展、物流业态发展及数字技术发展如何有效支持物流创新。本书的特色可以归纳为以下几个方面。

（1）融入知识跨界的跨学科研究方式。在创新与实践框架下，采用跨学科研究方式，将流通业、物流业态、数字技术等领域的知识融合在一起，探讨现代物流创新和实践的商业路径。

（2）建立数字技术与现代物流创新之间的联系。通过数字技术在现代物流领域的应用分析，明确数字技术是现代物流发展与创新的基石，有助于建立数字技术与现代物流创新之间的联系。

（3）以理论思考为引导、以案例研究为启发的学习。本书每个篇章都会围绕相关主题，探讨现代物流较前沿、较新鲜的商业实践案例，让读者的现代物流管理学习真正实现以经济科技发展和商业实践为引导和启发。

本书的结构安排

本书包含四篇九章，以数字浪潮下的现代物流创新作为开篇，剖析了数字技术、流通业及现代物流之间的关系，为读者提供了一个思考框架，现代物流创新与实践相关讨论随之层层展开。

第一篇（第一至二章），探讨数字浪潮下的现代物流创新。首先，阐述了现代物流的内涵和供应链环境下的物流管理，对供应链与供应链管理、物流外包和第三方物流以及物流服务供应链运作管理进行了分析。

其次，界定了数字经济，厘清了数字时代与现代物流创新的关系。最后，就现代物流创新的必要性和可行性、现代物流创新领域与趋势分别进行了讨论。

第二篇（第三至四章），探讨了流通业发展与物流模式的创新与实践。本部分聚焦在生鲜农产品流通和跨境电子商务（简称"电商"）两个领域，明确流通业发展对物流模式的创新需求，分析了这两个领域的发展趋势。同时，从应用视角分析了生鲜农产品物流信息系统和跨境电子商务物流信息系统，讨论了物流模式创新背后的数字技术。商业实践案例：A 公司物流模式和 B 公司跨境电商物流模式。

第三篇（第五至六章），探讨了物流业态发展与物流服务的创新与实践。本部分侧重网络货运服务和仓配一体化服务两个领域，分析了它们的发展趋势。同时，从应用视角分析了网络货运信息平台和仓配一体化物流信息系统，讨论了物流服务创新背后的数字技术。商业实践案例：C 公司网络货运服务和 D 公司仓配一体服务。

第四篇（第七至九章），探讨了数字技术发展与物流管理的创新与实践。本部分涵盖云计算、物联网及大数据三大数字技术领域，并将数字技术与物流管理相结合，充分发掘数字技术的价值。同时，讨论了物流管理应用数字技术时所面临的挑战和对策。商业实践案例：基于云平台的 E 公司智慧物流、基于产地预冷的寿光农产品冷链物流管理及基于大数据的 F 公司仓储物流管理。

谁能从本书获益

本书旨在为读者提供一个全面、深入的现代物流创新视角，无论是物流管理专业人员，还是信息技术专业人员，或是对物流管理感兴趣的读者，都可以从中获得有价值的启示和知识。本书希望更好地帮助读者理解数字时代背景下现代物流创新和商业实践，从而为企业或组织带来实际的价值。

不管是学生、学者、研究人员，还是从业人员，或者是对现代物流创新与实践感兴趣的任何人，都可以通过阅读本书获益。特别是以下人员：

（1）商学院和管理学院的学生可以把本书作为现代物流管理相关课程的参考资料。其他专业的学生，如计算机科学、信息系统等，可以从本书中选择他们喜欢的章节作为其信息技术应用的补充读物。

（2）研究人员、学者和从业人员可以阅读本书巩固其现代物流管理与物流数字化管理方面的知识和能力，或是扩展知识体系，或是就选定主题进行更加深入的探索。

本书的出版得到"经济转型升级背景下物流服务供需协同研究"课题（2020年度江苏高校哲学社会科学研究一般项目，课题编号：2020SJA0687）的支持，并作为该课题重要成果。

樊 华

2024 年 2 月 20 日

目 录

第一篇　数字浪潮下的现代物流创新

第一章　现代物流与物流管理　　　3

　第一节　现代物流的内涵　　　3

　第二节　供应链管理与物流业务外包　　　5

　第三节　第三方物流企业平台化经营模式　　　19

第二章　数字时代与现代物流创新　　　25

　第一节　数字技术与数字经济　　　25

　第二节　现代物流创新的必要性与可行性　　　30

　第三节　现代物流创新领域与趋势　　　33

　第四节　面向创新的物流企业知识管理　　　37

　第五节　物流企业数字化转型的整体框架与实施路径　　　45

第二篇　流通业发展与物流模式的创新与实践

第三章　生鲜农产品物流模式创新与实践　　　59

　第一节　生鲜农产品供应链演进　　　59

　第二节　超市生鲜农产品物流模式　　　65

第三节　供应链环境下生鲜农产品物流模式创新　　　77

第四节　生鲜农产品物流信息系统　　　81

商业实践案例　A 公司物流模式　　　83

第四章　跨境电子商务物流模式创新与实践　　　87

第一节　跨境电子商务物流发展环境与未来趋势　　　87

第二节　跨境电子商务物流模式　　　93

第三节　跨境电子商务进出口平台物流应用分析　　　99

第四节　跨境电子商务物流信息系统　　　103

商业实践案例　B 公司跨境电商物流模式　　　110

第三篇　物流业态发展与物流服务的创新与实践

第五章　网络货运服务创新与实践　　　119

第一节　网络货运发展历程及趋势　　　119

第二节　网络货运平台对货运相关方的价值分析　　　126

第三节　网络货运平台类型　　　133

第四节　网络货运资源整合　　　138

第五节　网络货运平台系统功能及物联网在网络货运中的应用　　　148

商业实践案例　C 公司网络货运服务　　　155

第六章　仓配一体化服务创新与实践　　　160

第一节　仓配一体化的发展现状及核心能力　　　160

第二节　仓配一体化服务模式创新　　　162

第三节　仓配一体化面临的挑战和发展路径　　　166

第四节　仓配一体化物流信息系统　　　168

商业实践案例　D 公司仓配一体服务　　　174

第四篇　数字技术发展与物流管理的创新与实践

第七章　云计算环境下云物流管理创新与实践　183

第一节　云计算与云物流　183

第二节　云计算在物流行业中的应用　190

第三节　云计算环境下物流管理模式创新框架　192

第四节　云计算环境下物流管理模式的关键　194

第五节　云计算环境下云物流管理面临的挑战与对策　197

商业实践案例　基于云平台的 E 公司智慧物流　203

第八章　物联网环境下智能物流管理创新与实践　209

第一节　物联网与智能物流　209

第二节　基于物联网的智能物流系统　215

第三节　智能冷链物流　219

第四节　物联网环境下智能物流管理面临的挑战与对策　226

商业实践案例　基于产地预冷的寿光农产品冷链物流管理　232

第九章　大数据环境下智慧物流管理创新与实践　238

第一节　大数据与智慧物流　238

第二节　大数据背景下智慧物流的运作及服务　243

第三节　大数据环境下智慧物流管理面临的挑战与对策　249

商业实践案例　基于大数据的 F 公司仓储物流管理　256

参考文献　262

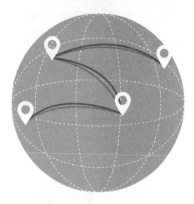

第一篇　数字浪潮下的现代物流创新

当今，各类数字技术，如云计算、物联网、大数据、人工智能，正在改变社会和经济的方方面面，推动传统经济向数字经济转型。经济的发展与现代物流的创新紧密相连，物流行业正经历着从传统物流向现代物流的转型，这一转型受到数字技术、产业链供应链及物流业态的共同推动。

现代物流一端连着生产，一端连着消费，高度集成并融合运输、仓储、配送、信息等服务功能，是延伸产业链、提升价值链、打造供应链的重要支撑。同时，现代物流在构建现代流通体系、促进形成强大国内市场、推动高质量发展、建设现代化经济体系中发挥着先导性、基础性、战略性作用。现代物流是数字经济的重要组成部分，在以数据采集、数据分析、智能控制、智能服务为基础的数字底座的支撑下，正在实现跨越式发展。数字技术有助于完善现代物流服务体系、延伸物流服务价值链条、强化现代物流对社会民生的服务保障。

本篇通过探讨现代物流与物流管理、数字经济及现代物流创新，为读者构建一个现代物流创新的框架。

第一章　现代物流与物流管理

第一节　现代物流的内涵

一、现代物流的概念与特点

近年来，经济全球化进程进一步加快，企业之间的竞争更加激烈。特别是随着"第一利润源"和"第二利润源"的逐渐枯竭，越来越多的企业管理者把目光投向了物流领域这一经济界的"黑大陆"，期望通过加强物流管理来打造、提升企业核心竞争力，获取"第三利润源"。

现代物流指的是将信息、运输、仓储、库存、装卸搬运以及包装等物流活动综合起来的一种新型的集成式管理，其任务是尽可能降低物流的总成本，为顾客提供较好的服务。

现代物流包括运输合理化、仓储自动化、包装标准化、装卸机械化、加工配送一体化及信息管理网络化等特点。除此之外，现代物流还具有物流反应快速化、物流功能集成化、物流服务系列化与个性化、物流作业规范化、物流目标系统化、物流手段现代化、物流组织网络化、物流经营市场化、物流信息网络化等特征。

二、现代物流的价值与分类

(一)现代物流的价值

在现代物流科学诞生之前,人们就已经发现物流能够创造物品的时间价值和场所价值。随着对物流科学研究的逐步深入,人们还发现了物流的形质价值、系统功能价值、利润价值、环境价值、服务价值和产业价值,物流的内涵不断丰富,外延不断扩大。

(二)现代物流的分类

按照物流系统的作用、性质及物流活动的空间范围等标准,可以从不同角度对物流进行分类,如图 1-1 所示。

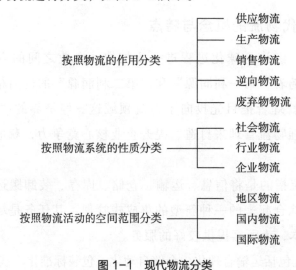

图 1-1 现代物流分类

第二节　供应链管理与物流业务外包

一、供应链与供应链管理的相关理论

供应链（supply chain, SC）作为现代管理科学的重要概念，于 20 世纪 80 年代后期逐步形成理论框架。随着全球化制造体系的崛起，供应链机制在制造业领域得到广泛实践，并逐步演变为一种系统性管理模式。当前，在全球化竞争加剧、市场不确定性攀升及技术快速革新的背景下，供应链管理（supply chain management, SCM）的战略价值日益凸显，成为学界与业界的核心研究议题。

（一）供应链的相关理论

1. 供应链的演进历程

供应链的演进可分为以下三个阶段。

（1）初期阶段（20 世纪 80 年代）。这一阶段聚焦企业内部生产流程，强调制造环节的资源整合。

（2）中期扩展阶段（20 世纪 90 年代）。这一阶段突破了单一企业边界，关注上下游企业间的协作关系。

（3）现代整合阶段（21 世纪以来）。供应链在这一阶段发展为覆盖全产业节点的网络化结构，以提升产品竞争力为核心，从操作工具升华为系统化方法论，体现"扩展企业"的全局思维。

根据《物流术语》（GB/T 18354—2021），供应链的定义如下："围绕核心企业的主营产品或服务，整合原材料供应商、生产商、分销商、零售商及终端用户等主体形成的网状体系。"

从范畴划分，供应链可分为内部供应链和外部供应链。

（1）内部供应链。内部供应链涵盖企业内部采购、生产、销售及客户服务等部门的供需网络。

（2）外部供应链。外部供应链延伸至企业外部的供应商、物流服务商及消费者等多元主体，其跨组织协调复杂度显著高于内部供应链。

2.供应链的结构

产业链中通常存在多类型供应链，核心企业作为关键节点，可以是制造型企业、零售型企业或者物流企业，其职能在于整合上下游资源。供应链的类型及特点如表1-1所示。

表1-1　供应链的类型及特点

供应链的类型	特点
以制造型企业为主导的供应链	核心企业拥有顾客所需要的产品及品牌，吸引大量的供应商及零售商纷纷加入以该类企业为主导的供应链中，以获得更多的利润
以零售型企业为主导的供应链	零售型企业是供应链中最接近消费者的企业，当其拥有对产品流向的最终决策权时，零售型企业在供应链的话语权及控制力就会增大，并会充当核心领导角色
以物流企业为主导的供应链	越来越多的企业将非核心业务外包，物流企业拥有越来越多的职能及控制力，承担越来越多的增值业务，能更好地满足顾客需求，从而具备了成为核心企业的条件

供应链结构模型（图1-2）显示，各节点企业通过需求信息驱动，依托资金流、物流、信息流的协同运作，实现全链增值。

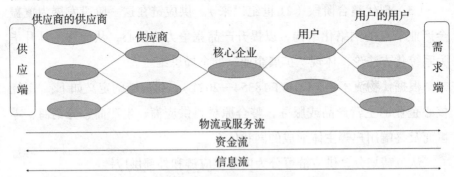

图1-2　供应链结构模型

3.供应链的典型特征

（1）结构多元性。供应链由跨区域、跨行业的异质化企业构成，层级关系复杂。

（2）动态适应性。节点企业需随市场环境与企业战略调整进行动态优化。

（3）需求导向性。终端用户需求是供应链运作的核心驱动力，贯穿信息、物流及资金活动。

（4）网络交叉性。企业常参与多条供应链，形成交叉结构，增加协同管理难度。

（二）供应链管理的相关理论

1.定义与内涵

依据《物流术语》（GB/T 18354—2021），供应链管理的定义如下："以供应链整体效能为目标，对采购、生产、销售等环节的商流、物流、信息流及资金流进行统筹规划、协调与优化的系统性活动。"其本质在于通过跨企业协同，提升全链运作效率。

2.与传统管理模式的差异化

供应链管理以集成化理念为核心，与传统模式相比具有以下特点。

（1）全局视角。供应链管理将供应链视为有机整体，覆盖从供应商至终端用户的完整流程。

（2）战略依赖性。供应链管理强调企业间资源共享与战略协同，直接影响供应链成本与市场竞争力。

（3）集成化方法。供应链管理需通过技术、流程与组织的深度融合实现资源优化，而非简单连接。

（4）目标高阶性。供应链管理追求服务水平与成本控制的平衡，而非单一市场目标。

3. 管理内容与功能划分

供应链管理以同步化生产计划为导向，依托互联网等技术手段，围绕供应、生产、物流与需求四大模块展开（图 1-3），其核心目标在于提升客户满意度与降低交易总成本。

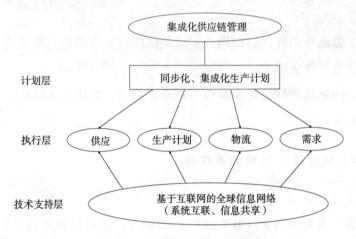

图 1-3　供应链管理的主要领域

二、物流业务外包与第三方物流

（一）物流外包

1. 物流外包的概念

在日益复杂的社会分工背景下，为更好地满足各类企业的物流需求，一批专门致力提供物流服务的专业机构应运而生。这些专业物流企业的兴起，为广大货主企业提供了更为高效和专业化的服务选择。对于很多企业来说，物流管理不仅是一项关键的业务活动，更是决定其生产和经营效率的重要环节。为此，物流经营者开始利用先进的信息技术手段，在确保质量和效率的前提下，向企业提供个性化、专业化和系列化的服务选项。

2. 物流外包的优势

（1）可集中精力发展核心业务。企业选择外包物流业务的驱动力是为了增强其核心竞争优势，使企业更有效地分配和利用其资源，确保它们能够专注并投资于自己的核心业务，从而达到更高的效益和市场地位。

（2）动态调整组织和优化流程。通过外包物流业务，企业能够更迅速地调整和优化其内部组织和流程，这样不仅提高了管理效率，还有助于减少外部经济环境变动引发的风险。

（3）降低企业成本。企业采用物流外包，可以借助第三方物流提供商的力量提供更为经济且高效的服务体系。这使得企业避免了巨大的资金和设备投资，尤其在涉及国际运输如海运、空运、铁路运输等方面，企业只能选择外包。

（4）利用外部资源。当企业缺乏完成物流业务的必要资源时，可以选择外包物流服务。这种方法能补偿企业在资源和能力上的短板，并增强其核心产品在市场上的竞争力。

（5）实现信息共享与风险分担。企业与第三方物流提供商的合作允许双方共享信息并共同承担风险，这种伙伴关系使得企业能够迅速适应市场的各种变化和挑战。

3. 企业物流外包的形式

企业物流外包的形式多种多样，可以满足不同的业务需求。以下是一些主要的外包形式。

（1）传统的物流外包。企业委托第三方物流供应商负责其仓储、运输和配送业务，但仍保持对物流活动的决策控制权。

（2）信息系统外包。企业将物流信息系统（如供应链管理软件或仓库管理系统）的管理和运营委托给专业的 IT 供应商。

（3）物流咨询外包。企业聘请外部专家提供物流策略咨询、流程优化建议等。

（4）完全物流外包。企业采用第四方物流，把其所有或绝大部分的物流操作，连同决策权，完全交由外部的物流专家机构来执行和管理。

（5）项目式物流外包。为应对特定的业务需求或时间段，企业选择外包部分物流服务。例如，为了满足新产品发布时的配送需求或应对季节性的市场变动和促销活动，确保物流效率和满足特定期限内的业务目标，可以采用项目式物流外包形式。

物流外包的各种形式旨在帮助企业降低其运营压力、减少开销、优化效率，从而允许企业更有针对性地关注并扩展其核心业务领域。具体选择哪种外包形式并不是一成不变的，而是基于企业的特定要求、可用资源以及长远的战略规划来定。在这个选择过程中，企业必须权衡各种因素，以确保所选的外包形式与其整体战略和目标相一致，并能够为其带来最大的价值。

4. 物流外包的发展趋势

物流外包在过去的几十年中已经得到了迅猛的发展，预计在未来仍然会持续增长，以下是物流外包的几个核心发展趋势。

（1）技术驱动的变革。随着技术的进步，尤其是云计算、物联网、大数据和人工智能等领域的发展，物流外包服务供应商能够为客户提供更加智能化、自动化和数据驱动的解决方案。

（2）绿色物流。随着全球对于可持续性和环境保护意识的提高，物流外包供应商正在加大对绿色物流解决方案的投入，如优化物流路线以减少碳排放、使用可循环包装材料等。

（3）集成服务。物流外包不再仅仅局限于基本的运输和仓储服务，现在的第三方物流供应商逐渐提供一站式的解决方案，包括供应链咨询、货物跟踪、库存管理、订单处理等。

（4）全球化与本地化相结合。随着全球化的加深，企业的供应链也变得越来越复杂。物流外包供应商不仅要提供跨境的物流服务，也要满足特定地区或国家的本地化需求。

（5）更加灵活。为了更好地满足客户的需求，物流外包供应商正在采取更加灵活的合作模式，并提供更加个性化的服务。

（6）风险管理与合作关系的深化。随着供应链的复杂性增加，风险管理成为物流外包中的一个关键议题。企业和物流服务供应商之间的合作关系从简单的服务提供逐渐转向深度合作伙伴关系，旨在共同应对各种挑战，实现共赢。

（二）第三方物流

1.第三方物流的概念

第三方物流（third party logistics, 3PL）是一个相对较新的物流领域的概念，它描述的是那些独立于生产和销售企业的专业物流服务公司。这些物流服务公司为其他企业提供一系列的物流解决方案，涵盖从原材料的采购、存储、转运，到最终产品的分发和售后服务的整个供应链过程。

与传统的物流方式不同，第三方物流不仅提供简单的运输和仓储服务，还为客户提供一整套的物流解决方案。这些解决方案包括但不限于货物的储存、运输、包装、配送、货物跟踪、清关、订单管理以及供应链咨询等服务。

企业选择使用第三方物流服务的原因很多，具体如下：①可以更加聚焦于其核心业务，将非核心但复杂的物流环节交给专业的第三方物流公司；②可以降低物流成本、提高服务质量和反应速度；③利用第三方物流公司的资源、技术和经验来应对市场的变化。

2.第三方物流企业的类型

（1）按第三方物流企业来源分类。

①在传统仓储、运输、货代等企业的基础上改造转型而来的第三方物流。在我国，一些物流企业已经占据了大部分市场份额。这些企业利用其深厚的物流业务经验和在市场定位、经营网络、设施资源及企业规模上的领先地位，持续扩展其服务范围，逐渐发展为现代化的物流巨头。

②工商企业原有物流服务职能剥离，逐步独立。传统上，工商企业依靠自建的物流系统来管理全部物流资源。但随着核心竞争力理念的推广，许多企业开始将物流业务独立出来，使其从原子公司逐渐演变为独立的、社会化的实体。

③不同企业、部门间物流资源互补式联营。企业有两种合作方式与第三方物流公司建立关系：第一，企业可以与第三方物流公司合资成立一个新的物流公司；第二，各具特长的不同部门可以共同投资创建一个股份有限公司，结成利益共同体，从而增强核心竞争力。

④新创办的第三方物流公司。随着经济持续增长，市场上出现了越来越多新成立的物流企业，这些新兴企业为物流行业带来了更多的活力和选择。

（2）按第三方物流企业资本归属分类。

①中外合资物流企业。这些企业具有丰富的行业知识和运营经验，有良好的客户关系、先进的系统以及来自总部的强有力的财务支持。它们一方面为原有客户进入中国市场提供延伸服务，另一方面运用自身的经营理念、经营模式和优质服务吸引中国企业。

②民营物流企业。我国民营物流企业多产生于 20 世纪 90 年代以后，业务地域、服务、客户相对集中，发展迅速。但是由于固定资产积累不足，对市场扩张缺乏强有力的资本支持。

（3）按第三方物流企业的服务功能分类。

①运输型物流企业。这些公司主要提供集成的物流服务，包括从发货地到目的地、发货地到中转站、中转站到目的地和中转站之间的运输，其核心目标是确保货物顺利运达。

②仓储型物流企业。仓储型物流企业专注于区域性仓储，涵盖货物的储存、保护和转运功能。此外，这些企业还扩展到配送领域，并提供如流通加工和商品经销等增值服务。

③综合服务型物流企业。综合服务型物流企业为客户提供全面的物

流服务，并根据客户需求定制物流解决策略。这些企业不仅整合物流资源，还为客户提供深入的物流咨询，并确保满足其一站式的物流需求。

（4）按第三方物流企业资源占有情况分类。

①资产型第三方物流。这类企业拥有自身的运输和仓储资源，为不同行业客户提供规范的运输和仓储服务。

②非资产型第三方物流。这类企业作为物流管理公司，利用其专业知识和系统来管理客户的物流需求，为其提供第三方物流服务。

3.第三方物流的管理模式

（1）信息化管理模式。随着计算机网络的迅猛发展和全球技术经济市场的开放，第三方物流公司必须跟随时代潮流以保持竞争力。全球电子商务的崛起进一步推动了第三方物流向技术化和信息化发展。

（2）系统化管理模式。第三方物流公司的运营依赖系统化的管理技术和手段，有效的物流系统能使其效能发挥至最大，且整体效应超过单个物流公司的简单叠加。但若物流系统建立不当，不仅不能提高效率，还可能导致公司陷入相互抵消的恶性循环。

（3）后勤管理模式。物流管理旨在管理整个供应链，涵盖从供应商到终端用户的所有价值增加活动。这需要后勤工作精细地协调供应商、采购代理、营销团队、渠道成员及顾客之间的互动。对于第三方物流公司，这种后勤协调是确保公司高效运作的关键，通过这种协调，第三方物流公司可以有序地组织和管理代理配送业务中的各个环节，并在与厂商、消费者合作以及公司内部运作之间建立高效的协同作用。

（4）全过程管理解决方案。全过程控制是物流管理的核心，为了有效地管理物流，供应商需要对分散在全球或全国的中转仓库、经销商、零售商，以及通过汽车、火车、飞机和轮船等多种运输方式的货物流动情况有全面、精确和实时的掌握。基于这些信息，供应商可以实时下达调度指令，规划生产与销售，并调整市场策略。

三、物流服务供应链运作管理

物流服务是生产与消费同时进行，而客户的物流需求则具备较强的个性化，第三方物流企业仅仅依靠自身的资源和能力，难以完全满足客户整体性物流需求。在物流运作中，第三方物流企业往往需要综合考虑一体化服务模式、物流成本及物流质量等要素，将部分物流业务外包，方能克服资源掣肘，提升市场竞争力。第三方物流企业只有采用供应链管理模式，对区域更广、功能更全的物流资源进行整合，才能为客户提供完整的物流解决方案和物流服务。

第三方物流企业基于自身的业务特点及资源能力，开展物流服务供应链管理，并持续加以完善，能够显著增强其竞争力。在互联网深度应用的环境下，第三方物流企业应借助云计算、大数据、物联网等技术，进一步完善物流服务供应链管理。

（一）第三方物流企业运作管理

第三方物流企业既非生产方，又非销售方，而是在从生产到销售的整个物流过程中提供服务的第三方，专门为客户提供运输、仓储、配送等物流服务。第三方物流企业的业务往往涉及多项物流功能，如运输、仓储、配送、流通加工等，运作管理则需要进行计划、组织、协调及控制。

在商业实践中，综合型第三方物流企业的业务往往会涉及多个客户、多个区域以及多个物流功能。第三方物流企业仅凭自身资源和能力，向客户提供整体性的物流服务，既不经济，也缺乏效率，对物流资源的关注必然从企业内部转向企业外部。总体而言，物流资源整合、业务协同、总体绩效最大化，是第三方物流企业业务运作面临的挑战。

第三方物流企业的资源整合在产品供应链中，核心企业通常将供应链物流的主要环节外包给尽可能少的几家物流公司，这对承接物流业务的第三方物流企业提出了较高要求。第三方物流企业为了向客户提供功能完整、物流网络全面、经济可行的物流服务，必然要对物流资源加以整合。

第三方物流企业的资源整合是效用导向的，整合内容通常涉及运作资源整合、客户资源整合及信息资源整合。在实践层面，第三方物流企业将物流操作依靠的各种资源集中在这个系统中，进行统一设计和运用，在保持资源间有效衔接的前提下，实现资源成本最小化和资源效益最大化。在运作资源整合方面，第三方物流企业通过资本并购和物流联盟的方式来扩大其服务能力，具体包括通过功能整合增强物流服务的一体化能力和通过整合实现规模扩张和物流的网络化和规模化。以业务和市场为纽带，采用供应链运作模式对非核心业务领域的资源进行虚拟松散型整合，是物流联盟的主要模式。

（二）物流服务供应链结构及运作模式

1. 物流服务供应链结构

物流服务供应链（logistics service supply chain, LSSC）是将产品供应链上的物流服务，如运输、仓储、包装、加工、配送等整合到一个联通的物流运作平台上，形成功能网链结构，以降低总体物流成本，提升市场竞争力。第三方物流企业利用现代信息技术对物流业务过程中的物流订单流、物流服务流、资金流以及信息流等进行管理和控制来实现客户价值。物流服务供应链涉及三类主体，即物流客户、物流服务集成商及功能型物流服务商。物流客户是物流服务最终需求方，其在产品供应链中的角色是供应商、制造商、分销商或零售商，对物流功能的需求既可以是仓储、运输等基础类物流服务，也可以是流通加工等增值类物流服务。物流服务集成商在物流服务供应链中处于核心企业的地位，能够向物流客户提供综合性物流服务，其经营能力主要体现在能提供集成化、定制化、网络化的物流服务，拥有较强的信息化应用水平。功能型物流服务商专注于提供具体的物流功能服务，如运输、仓储等。综上所述，LSSC 的运作涉及四个流程，即物流订单流、物流服务流、资金流、信息流，四个流程均贯穿 LSSC 各个节点企业，且相互协作，将 LSSC 集成为一个有机整体。

2. 物流服务供应链运作模式

物流服务供应链运作需要同时兼顾效率和柔性，提升效率可以降低整体成本，增强柔性可以满足客户个性化及动态变化的物流服务需求。

将物流服务资源与能力转化为集成物流服务的过程是一个物流服务价值建构过程，建构的起点是物流服务的各项资源与能力，终点是集成物流服务，即物流客户所需的供应链物流服务。在集成物流服务供给中，物流服务集成商首先对物流服务资源与能力进行量化评估，采用服务成组技术将物流服务资源与能力转化为面向客户需求的通用型物流服务组件；然后使用延迟集成策略，依据实时需求将物流服务组件进行集成，形成集成物流服务，服务成组是成组技术在服务运作中的运用。物流服务集成商基于可分割物流需求，将企业内部或物流服务供应链上游企业的物流资源与能力按照一定标准，组合为可独立交付的物流服务组件，如区域分拨组件、市内配送组件等。延迟集成旨在将各种物流服务组件按照物流客户整体性需求集成为集成物流服务。延迟集成本质是将处于就绪状态的物流服务组件在特定时间配置在特定地点，以完成预先设定好的一组系统化、上下衔接的物流服务。在互联网环境下，物流服务集成商动态掌握各类物流服务组件的状态，一旦收到物流客户的订单，将根据订单需求配置并集成物流服务组件，满足物流客户个性化、整体性物流需求。

（三）物流服务供应链管理模式

1. 物流服务供应链管理模式框架

物流服务供应链模式是第三方物流企业经营战略的重点，下面从物流服务集成商视角，探讨物流服务供应链管理模式。物流服务供应链管理涉及广泛的内容、众多的环节，并跨越多个企业组织，只有通过科学合理的管理模式，才能使其发挥其效能。物流服务供应链管理模式框架分为运作管理循环和运作支持两个部分，如图1-4所示。

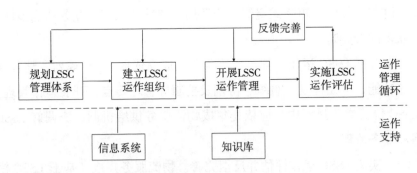

图1-4　物流服务供应链管理模式框架

2.物流服务供应链运作管理循环

（1）规划 LSSC 管理架构。首先，设定 LSSC 管理目标。物流服务集成商通过分析市场环境和自身资源和能力现状，明确自身业务定位。业务定位涉及多个维度，包括服务行业、服务区域、物流功能等方面。此外，物流服务集成商还应兼顾低成本、差异化等竞争要素，设定 LSSC 目标（包括成本目标、服务质量目标、效率目标等），指引 LSSC 运作管理。其次，设计 LSSC 结构和业务流程。依据第三方物流企业的业务定位和 LSSC 目标，对 LSSC 的结构进行分析，明确物流客户、物流服务集成商、功能型物流服务商之间的权责关系，并设计各项业务流程。再次，建立 LSSC 协调机制。鉴于 LSSC 运作具有跨组织特点，物流服务集成商应建立一套覆盖 LSSC 上下游的运作协调机制，以便更好地围绕客户物流需求，对物流功能进行集成。最后，建立 LSSC 绩效管理机制。为了正确判断 LSSC 运作水平，需要对运作效率、成本、质量等方面进行客观评价和管理。LSSC 的绩效管理主要涉及两个方面：其一，构建绩效评价指标体系，可以从经济性指标和技术性指标着手，根据 LSSC 运作情况，为绩效评价指标赋值，用于评价 LSSC 运作情况；其二，建立跨组织的绩效评价及绩效提升机制，该机制应在后续的业务运作中不断完善。

（2）建立 LSSC 运作组织。物流服务集成商依据自身的经营规模及业务特点，建立 LSSC 运作组织。常见的运作组织形式有职能式、项目式及矩阵式。其中，矩阵式组织结构适用于覆盖区域广、业务功能多样、客户众多的 LSSC。

（3）开展 LSSC 运作管理。物流服务集成商依据 LSSC 规划，整合各类物流功能，遵循计划、组织、协调及控制等管理要点，开展运作管理。在 LSSC 价值增值过程中，应依托集成物流服务供给机制，协调好 LSSC 的各项业务流程。

（4）实施 LSSC 运作评估并反馈完善。物流服务集成商基于 LSSC 模式开展物流业务时，应以绩效管理为导向，定期将 LSSC 的运作情况进行总结，将成熟、有效的运作流程、方法形成管理标准，并动态反馈至 LSSC 管理的相关环节，促进 LSSC 管理的标准化和科学化，从而提升物流运作绩效。随着互联网的深度应用，评估和反馈过程可以借助信息系统开展，以提升沟通效率并降低沟通成本。

3.物流服务供应链运作支持

在 LSSC 中处于核心地位的物流服务集成商，可以通过信息系统和知识系统，对物流服务供应链运作提供支持。

（1）信息系统。信息流贯穿 LSSC 的整个业务过程，有效的信息管理可以显著提升 LSSC 的运作效率，为业务运作管理提供支撑。物流服务集成商可以引入大数据系统，实现对 LSSC 中各项数据的分析。云计算平台可以作为信息系统的基础设施，物联网则可以为业务运作提供数据资源。

（2）知识系统。物流服务供应链运作面临着跨组织、跨业务领域的多重挑战。物流服务集成商可建立以知识和信息为基础的知识系统，支持企业间知识交流，提升企业间知识共享和应用的能力，促进物流服务供应链服务能力的提高。在知识管理系统中，应建立可扩展、结构化的知识库，更好地支持 LSSC 运作管理。

第三节 第三方物流企业平台化经营模式

一、第三方物流企业平台化经营的背景

随着我国消费互联网的发展，新的零售物流服务商逐渐产生，这些物流服务商凭借其规模优势、资本优势以及技术创新，推动了 B2C 零售物流的发展。2015 年，中国提出"中国制造 2025"战略，使得中国智能制造的发展进入快车道。工业企业已具备信息化基础，正在推行工业互联网以实现制造业升级，并出于供应链管理的考虑，外包物流业务。

随着互联网多年的发展和普及，云计算、物联网、大数据、移动互联网等在物流行业的应用日益成熟，推动第三方物流企业朝着集成化、智能化、平台化的方向发展，促进了第三方物流企业经营效率的提升及业务创新。在物流行业，许多第三方物流企业已采用物流服务供应链管理模式开展企业运营管理，行业龙头企业的发展速度远超行业平均水平，物流服务市场正向优秀龙头企业集中。同时，第三方物流企业的经营正从业务导向转变为平台化发展。

二、第三方物流企业平台化经营模式的概念与内涵

（一）平台化经营模式的概念

平台是一种多角色参与的空间载体，在该环境下，各参与方能够依据价值链及协作分工达成交易。平台企业的存在建立了双边市场，使双边市场具有独特的经济特征，这些经济特征与传统单边市场有着显著的区别，具体包括交叉网络外部性、价格的非对称性、交易信息的完整性、平台的高度整合性等。

物流平台化经营模式是指第三方物流企业以核心产品为基础，搭建沟通用户需求和服务供给的平台，并在此基础上拓展业务品种、业务区域及目标行业。通过平台化，物流需求端与供给端的协同得以加强，需求的增加会带动供给的增加，反之亦然。

通过平台化经营，龙头第三方物流企业可以更好地提升客户、运作资源、信息的应用效率，发挥在产业链中的作用，探索、拓展新型业务模式，形成新的收入来源，并获得竞争优势。实施平台经营策略不仅是第三方物流企业经营方式的革新，还是经营理念的革新。在互联网背景下，客户可以更多地通过物流服务平台界面，满足其多样化、个性化的需求，并得到较好的体验。第三方物流企业不应只是依靠传统方式提供物流服务，应转变为"经营客户"和"经营物流运作资源"，让物流需求端和供给端互动发展，实现业务增长。

（二）平台化经营模式的内涵

第三方物流企业平台化经营模式涉及企业经营的多个方面，如物流服务产品、运作资源、客户资源、组织架构等，其内涵包括以下几个方面。

1.信息网络平台化

IT基础设施、运维系统及IT服务能力是开展平台化运营的基础。随着云计算的大规模商用，物流信息系统实现集中部署与应用，信息网络将实现全组织覆盖、全区域覆盖、全业务覆盖、全业务流程覆盖。

2.客户资源全网共享，物流运作资源全网整合

开放合作是平台化经营的前提，平台化经营是实施开放合作的最佳途径。通过客户资源共享，需求和供给能够更好地匹配。将服务于不同地域的、不同行业的、不同物流功能的物流运作资源进行有效集成，有助于实现物流服务的平台化，从而满足各类工商企业的个性化物流需求。

3.物流服务产品标准化、模块化

由于客户在行业特点、经营地域、业务品种等方面存在差异，物流服务业总是面临"供给 – 需求"不平衡的挑战。物流服务产品可以通过标准化、模块化实现规模经济，进而有效降低成本。拓展物流资源和物流客户，可以降低各个物流运作环节的成本，有助于物流服务的提供、评价、反馈及提升。

4.以客户物流需求为中心，实现物流订单集成化管理

客户物流需求可分为功能型物流、增值物流、集成物流以及第四方物流等，应从客户视角确定客户价值的来源，并根据客户需求变化来灵活调节供给。应对物流服务供应链中的物流订单信息进行全网集成，对物流订单收集、分配、下达执行以及跟踪的每一个环节进行分析，提升订单整体执行效率。

5.物流运作的智能化

智能物流的未来发展将会体现出三个特点：①智能化，在物流作业过程中科学地实施物流调度和统筹；②一体化，以集成化物流管理为核心，实现物流过程中运输、存储、配送、包装及装卸等环节的一体化；③社会化，智能物流的发展将会优化物流资源在社会层面的配置，从而提高效率。

三、第三方物流云平台应用

（一）物流云平台技术架构

第三方物流企业为了响应客户企业的需求，更好地开展运作管理及客户服务，纷纷构建起由运输管理、仓储管理等模块组成的物流资源计划系统（LRP），并采用各种信息技术，如 GPS/GIS 系统等，更好地支撑物流外包运作。物流外包企业的 ERP 系统通过电子数据交换系统与物流

企业的 LRP 系统实现互联。首先，ERP 系统能够及时将物流订单信息传送到 LRP 系统；其次，LRP 系统会对物流订单进行分配，根据物流区域及物流功能，传送给相应子系统进行运作；最后，相应子系统将物流运作监控信息反馈给 ERP 系统，从而提高物流外包的效率，降低沟通成本，并最终降低总体物流成本。采用平台化经营模式的第三方物流企业通过构建物流云平台实现业务管理及物流信息的互联互通，典型的物流云平台架构如图 1-5 所示。

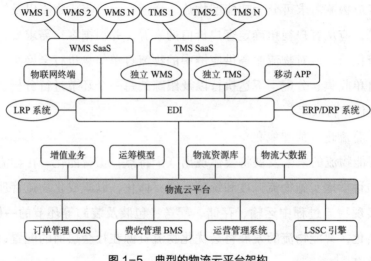

图 1-5　典型的物流云平台架构

（二）物流云平台的应用模式

1. 通过物流云平台实现集中计算和物流信息集中处理

通过物流云平台，第三方物流企业可以实现计算资源按需快速扩充，减少了信息系统运维的工作量，使业务流程管理更为规范，绩效管理更为透明，与物流服务供应链上下游企业的信息互通更为便捷，从而显著增强了物流管理的信息效率。

2. 采用 EDI 总线实现信息系统互联互通

为了增强信息协同效应，须将第三方物流企业的各类信息系统进行互联。研究发现，工业企业的供应链上下游企业通过 EDI 平台实现了信息系统之间的互联，但工业企业与第三方物流企业之间信息共享及系统互联面临较大挑战。通过使用 EDI 系统，物流服务集成商可以实现物流服务供应链信息一体化；物流服务集成商 LRP 系统可以与功能型物流商信息系统交换物流服务供应链信息，如物流订单信息可以及时反馈给相关功能型物流商，以便增强上下游之间的业务协同；物流服务集成商 LRP 可以与工业云平台及微信公众号进行数据交换，客户可以通过工业云平台或微信及时了解物流订单的执行情况，从而提升客户满意度。

3.汇聚各类物流数据支撑物流大数据应用

物流大数据从类型上主要分为现场设备数据（物联网数据）、物流管理数据和外部数据。现场设备数据是来源于运输、仓储、流通加工等方面的数据，包括设备的运行数据、生产环境数据等。物流管理数据是指传统信息管理系统中产生的数据，如 SCM、WMS、TMS、货代系统等。外部数据是指来源于物流服务集成商外部的数据，主要包括来自制造企业 ERP、供应链等外部环境的信息和数据。

4.基于移动互联网开展移动数据互联互通

在移动互联网的环境下，物流企业可以根据业务需要开发相应 APP，实现各项物流业务的信息化闭环管理。运输车辆车载设备亦可以通过移动互联网接入物流云平台，交换物流数据。在 LRP 系统基础上，应用移动 APP 或微信公众号建立一个基于客户体验的物流订单跟踪平台，有助于客户更方便、及时地了解物流外包的运作状况。

5.通过物联网实现设施设备动态信息及时处理与应用

物联网作为物流信息系统前端，其产生的时空数据可传送到云计算平台进行处理，从而有效提高物流运作可视化水平。

四、第三方物流企业平台化经营发展阶段

第三方物流企业平台化经营发展可分为三个阶段，各个阶段的经营

重心应有所差异，通过业务培育和市场经营，逐步从业务组合中确立优势业务，并通过时间和空间的积累，获得市场价值的最大化。

（一）模式建立阶段

验证平台化经营模式，论证其可行性，形成业务组合。

（二）经营提升阶段

对平台化经营管理水平进行提升，使第三方物流企业运营的各项职能有序落实，逐步确定优势业务。

（三）市场扩张阶段

对优势业务采取扩大规模、增加市场份额等措施，获取市场价值最大化。

第二章　数字时代与现代物流创新

第一节　数字技术与数字经济

一、数字技术、数字时代及物流数字技术

（一）数字技术

数字技术是多种数字化技术的统称，分为硬件技术、软件技术和网络技术三类，具体包括区块链、大数据、云计算、人工智能和物联网等各类信息技术。

（二）数字时代

数字技术的应用催生了一个全新的数字时代。在数字时代，数字技术广泛应用于社会经济的方方面面，并促进社会经济不断发展变化。

数字时代的特征可以总结为以下几点。

1. 数据驱动

数字时代以数据为核心，数据的产生、收集和分析成为重要的驱动

力。通过数据的收集、整理和分析，可以揭示出潜在的趋势、需求和机会，基于数据做出决策和优化。

2.技术创新

数字时代涌现了许多颠覆性的技术创新，如人工智能、大数据、云计算、物联网等。这些新技术改变了生产、管理和服务的方式，带来了更高效、更智能的工作模式和商业模式。

3.连接性与互联网

数字时代强调人与人、人与物、物与物之间的连接与互联。互联网成了连接和传递信息的主要平台，人们可以通过网络实现远程办公、在线教育、跨境交易等，扩大了交流和合作的范围。

4.用户体验和个性化

数字时代注重用户体验和个性化服务。通过数字技术，企业可以更好地了解用户的需求和偏好，提供个性化的产品和服务，提高用户满意度和忠诚度。

这些特征共同塑造了数字时代，并推动社会经济的快速发展和变革。企业和个人需要积极适应和利用这些特征，抓住机遇，应对挑战。

（三）物流数字技术

1.物流数字技术的概念

根据《物流术语》（GB/T 18354—2021），物流信息技术是指物流各环节中应用的信息技术，包括计算机、网络、信息分类编码、自动识别、电子数据交换、全球定位系统、地理信息系统等技术。

物流数字技术其实就是指数字技术在物流各个作业环节的应用，是物流现代化的重要标志。物流数字技术主要包括自动识别类技术（如条码技术、射频技术、智能标签技术等）、物流信息接口技术（如电子数据交换技术等）、自动跟踪与定位类技术（如全球卫星定位技术、地理信息技术等）、数据管理技术（如数据库技术、数据仓库技术等）和计算机网络技术等现代高端信息科技。在这些高端技术的支撑下，由移动通信、资源管理、监控调度管理、自动化仓储管理、运输配送管理、客户服务管理、财务管理等多种业务集成的现代物流一体化信息管理体系逐渐形成。

2. 典型的物流数字技术

（1）自动识别技术。条码技术是 20 世纪在计算机应用中产生和发展起来的自动识别技术，是集条码理论、光电技术、计算机技术、通信技术、条码印制技术于一体的综合性技术。射频识别技术，也称无线射频识别技术，是从 20 世纪 90 年代兴起的一种基于电磁理论的通信技术，适用于物料跟踪、运载工具和货架识别等要求非接触数据采集和交换的场合，对于要求频繁改变数据内容的场合尤为适用。

（2）电子数据交换技术。电子数据交换（EDI）技术是计算机、通信和管理相结合的产物。EDI 按照协议的标准结构格式，将标准的经济信息，通过电子数据通信网络，在商业伙伴的电子计算机系统之间进行交换和自动处理。

（3）全球定位技术。全球定位系统是利用空中卫星全天候、高准确度的特点，对地面目标的运行轨迹进行跟踪、定位与导航的技术。

（4）地理信息技术。地理信息系统（GIS）是人类在生产实践活动中，为描述和处理相关地理信息而逐渐产生的软件系统。GIS 以地理空间数据为基础，以计算机为工具，采用地理模型分析方法，对具有地理特征的空间数据进行处理，实时地提供多种空间和动态的地理信息。

（5）数据管理技术。数据库技术将信息系统中大量的数据按一定的结构模型组织起来，提供存储、维护、检索数据的功能，使信息系统方便、及时、准确地从数据库中获得所需信息，并以此作为行为和决策的依据。现代物流信息量大而复杂，如果没有数据库技术的有效支持，物流信息系统根本无法运作，更不用说为企业提供信息分析和决策帮助。

（6）遥感技术。遥感技术是指从高空或外层空间接收来自地球表层各类地物的电磁波信息，并通过对这些信息进行扫描、摄影、传输和处理，对地表各类地物和现象进行远距离控测和识别的现代综合技术。

二、数字经济的理论框架与发展实践

（一）数字经济的内涵界定

数字经济作为农业经济与工业经济后的新兴经济形态，以数据资源为核心驱动要素，依托现代信息网络的基础设施，通过信息通信技术（ICT）的深度融合与全要素数字化转型，推动经济效率与公平性的协同提升。

2016年，G20杭州峰会发布的《二十国集团数字经济发展与合作倡议》对数字经济的定义如下："以数字化知识与信息为关键生产要素，以现代信息网络为运行载体，以信息通信技术的高效应用作为提升经济效能与优化产业结构核心动力的经济活动集合。"

（二）数字经济驱动新旧动能转换的逻辑路径

在数字技术革新浪潮下，人工智能、物联网等新一代信息技术催生了新型产品、业态与商业模式，使数字经济成为全球经济增长的核心引擎。数字经济对新旧动能转换的作用体现在以下两方面。

1. 内生动力重构

通过数字产业化（如云计算、大数据产业）与产业数字化（传统行业数字化转型）的双向互动，加速产业结构升级。

2. 增长模式变革

数字经济规模扩张速度快、占比持续提升，将逐步替代传统动能，成为经济高质量发展的核心驱动力。

（三）中国数字经济的战略布局与成效

1. "十三五"时期的奠基性成果

2016—2020 年，我国通过数字基建完善、业态创新培育及"两化融合"（数字产业化与产业数字化）深化，实现了数字经济跨越式发展。2020 年，数字经济核心产业增加值占 GDP 比重达 7.8%，为经济韧性增长注入了新动能，具体表现如下。

（1）产业数字化转型。农业智能化管理、服务业在线化服务、工业设备数字化率显著提升，"上云用数赋智"成为企业转型主流路径。

（2）新业态蓬勃发展。电子商务、移动支付、远程办公等新模式全面渗透社会生活，平台经济生态持续扩展。

2. "十四五"时期的系统性规划

2022 年，国务院颁布的《"十四五"数字经济发展规划》提出"创新引领、数据赋能、安全有序"等原则，明确至 2025 年的发展目标如下。

（1）数字经济核心产业占 GDP 比重提升至 10%。

（2）数据要素市场化机制初步建成。

（3）产业数字化转型与数字产业化水平显著提升。

（4）数字经济治理体系与普惠性公共服务能力全面优化。

我国数字经济涉及国民经济各个领域，数字经济领域及典型企业如表 2-1 所示。

表2-1　数字经济领域及典型企业

数字经济领域	典型企业
传统制造业数字化改造	海尔集团、美的集团
传统流通业数字化改造	京东集团、欧尚集团
数字服务领域	金山软件、腾讯控股

第二节　现代物流创新的必要性与可行性

一、现代物流创新的必要性

在当今复杂多变的商业环境中，传统的物流管理方法已经不再适用，因为新技术、全球化和消费者需求的变化都在推动着物流行业的变革。

现代物流创新变得至关重要，关键因素如下。

（一）全球化已经使得供应链管理成为企业成功的关键因素

企业往往需要在全球范围内采购原材料或进行产品制造，并将成品销售到世界各地，这使得物流网络呈现出更加庞大和复杂的格局。这种全球供应链的建立，虽然带来了市场机会和成本效益，但也引发了一系列挑战，需要创新的物流管理模式来应对。

全球供应链的复杂性要求企业拥有更高级别的协调和可见性，货物的流动路径涉及跨越不同国家和地区的边界，涵盖多个运输环节，从供应商到制造商，再到分销商和最终消费者，形成了一个错综复杂的网络。因此，及时了解货物的位置和状态以及实施协调性的决策变得至关重要，可以减少供应链中的延误和资源浪费。创新的物流管理模式具备关键意义，因为它们可以通过引入新技术和优化流程，帮助企业更好地管理全球供应链。物联网、大数据以及人工智能等先进工具可以提供更准确的货物追踪、库存管理和需求预测，从而降低延误和资源浪费的风险。此外，数字化平台和协作工具使企业能够实现实时信息共享，促进跨国界的合作，提高了供应链的效率和透明度。

（二）现代消费者的期望对物流管理模式提出了更高的要求

数字时代下，消费者渴望更快速、更经济、更可持续的物流服务，他们追求更低的运输成本，同时希望能够实时跟踪他们购买的货物的运输进度，以确保准时送达，在选择送货时间和地点方面拥有更大的自由度和灵活性。

为满足这些不断演变的消费者需求，物流管理模式必须发生深刻的变革。物流系统需要更加灵活，以满足需求的高峰和低谷，确保及时交付；另外，透明度变得尤为重要，消费者需要随时了解货物的位置和交付状态，这要求物流公司提供实时跟踪和通知服务；物流管理模式需要更具可定制性，以满足不同消费者的个性化需求。

（三）可持续发展已经成为企业社会责任的核心

减少碳排放、降低能源消耗以及减少废物产生不仅符合环保法规，还体现了企业对社会和环境的关切。在这一背景下，创新的物流管理模式具有巨大的潜力，可以协助企业塑造更加环保、可持续的供应链。

通过采用更高效的运输和路线规划，企业可以减少碳排放，优化的物流策略可以缩短运输距离、降低货运空载率，从而降低运输过程中的能源消耗和排放。物流管理模式的创新有助于减少废物产生，通过更好的库存管理、需求预测和供应链协同，企业可以减少过剩库存和不必要的包装材料，从而减少废物，降低对自然资源的依赖。

可持续发展还涉及供应链的透明度，创新的物流管理模式可以提供有关供应商和合作伙伴的更多信息，确保他们的实践符合环保和社会责任标准。创新的物流管理模式不仅可以提高运营效率和客户服务，也可以帮助企业在可持续性方面取得重要进展。通过减少碳排放、降低能源消耗和减少废物产生，企业可以降低对环境的负面影响，同时响应日益增长的可持续发展压力，为社会和环境做出积极贡献。

二、现代物流创新的可行性

（一）政策支持现代物流创新

近年来，我国出台了众多物流相关政策，涉及网络货运领域、跨境电商物流领域等。2022年12月15日，国务院办公厅印发《"十四五"现代物流发展规划》，这是我国现代物流领域第一份国家级五年规划，对于加快构建现代物流体系、促进经济高质量发展具有重要意义。

（二）商业环境变迁为现代物流创新创造需求

供应链全球化、直播电商、社区电商等各种工商业转型发展，期待更有效地协调供应链、降低库存成本、提高生产效率以及加速货物的运输和交付过程。商业环境的变迁对物流服务的效率、成本及可靠性提出了更高的要求，也为现代物流创新创造了需求。

（三）数字技术赋能现代物流创新

数字技术的蓬勃发展为现代物流创新带来了巨大的机遇。物联网、人工智能和大数据等前沿技术提供了分析实时数据的能力，使企业能够更精确地优化库存管理、运输计划和货物配送。这些技术的应用可以降低成本、减少库存浪费，并提高供应链的可见性和响应速度。同时，自动化和机器人技术在提高物流效率方面发挥着关键作用，通过自动化任务和减少人为干预，物流流程更加精简，为企业提供了竞争优势。这些技术的整合为物流行业创造了更高水平的智能化和效率。

第三节　现代物流创新领域与趋势

随着全球经济的进一步融合和科技的飞速进步，物流作为企业及供应链的核心环节，也在不断地进化。

一、数字化创新对物流业发展水平的影响

（一）数字化创新与物流业发展水平之间的关系

在数字时代，物流业要实现高质量发展，就必须依托数字化技术进行创新变革。数字化创新与物流业发展水平之间的关系体现在以下几个方面。

（1）数字化创新能力的提升对物流业发展水平的提升有积极的推动作用。物流企业数字化创新有助于物流业发展水平的提升。回归结果显示，数字化创新能力对物流业发展水平的提升作用均显著为正。数字化创新能力每提升 1 个百分点，物流业发展水平就会提升 0.248 个百分点。

（2）数字化创新能力对物流业发展水平提升的推动作用具有显著的地区异质性。其中，东部地区和中部地区对物流产业发展水平均具有显著的促进效应，但是东部地区的回归系数数值大小及显著性小于中部地区；而在西部地区，数字化创新对物流业发展水平的促进效应虽然是正向的，但效果并不显著。

（3）资源配置在数字化创新能力影响物流业发展水平的过程中发挥显著的中介效应。研究发现，劳动力与资金配置效率在数字化创新能力影响物流业发展水平的过程中具有促进作用。合理的区域就业规模和资本投资布局能促进物流业发展水平的提升。

（4）数字化管理能力在数字化创新能力影响物流业发展水平的过程中发挥显著的正向调节效应。提升企业的数字化管理能力，能够推动企业内部组织管理模式的创新，增强企业市场竞争能力，优化数字化对外服务。

（二）基于数字化创新的物流业发展水平提升路径

1. 加大数字基建支持力度

数字化基础设施建设涵盖互联网、数据中心、人工智能等领域，是物流业进行数字化创新的基础。首先，应采取加大资源投入、引导社会投资等措施支持数字基建，注重系统的稳定和安全，确保物流业能够获得高质量的数据服务。通过建立相关的标准与规范，推动中国数字基建的标准化、规范化发展，增强其互通性与兼容性，减少数字化变革的成本损失。其次，应制订长期的数字基建计划，并在此过程中形成长期的制度安排，确保数字基建的稳定、可持续发展，为物流业数字化创新水平的提升奠定坚实的基础。最后，应推动产学研深度融合。产学研合作能够促进新兴技术和新兴数字产品的开发与应用，实现数字产业的高质量发展，再现企业的现实应用情景，满足企业的实际使用需要。出台产学研深度融合的支持政策，鼓励产业、高等院校及研究机构成立数字化应用中心，有助于使数字创新成果与物流业发展需要相结合，实现成果的有效转化，实现物流业发展水平的跃升。

2. 因地制宜，差异化发展

在开展数字化创新的过程中，不同区域应该根据自身的发展水平，实施差异化的发展战略。东部地区的数字化创新水平、物流效率、物流结构等具有优势，但数字化创新对物流产业的带动作用有限，未来应着重改善以下方面：第一，要重视数字化创新对物流结构调整与效率优化的转化；第二，依托数字化应用，使用高能效装备，降低物流业能源消耗。中部地区的数字化创新发展及物流产业高质量发展水平提升应采取以下措施：第一，充分利用自身的区域中介作用，在吸收国际成功经验的基础上，探索新的发展方式；第二，依托中部物流枢纽建设工程及其辐射效应，开展物流业数字化创新，推动物流产业的高效健康发展。西部地区的数字化创新效果和物流产业发展水平较低，因此物流数字化发展应侧重以下几点：第一，持续加强在西部地区的数字化创新，不断累积地区发展经验，从而使其在未来能够更好地发挥其应有的功能；第二，加大国家对物流产业的介入力度，改善物流产业在西部区域的流通效能，充分利用其对经济发展的支持与拉动效应。

3.引导资源优化配置

通过实证分析得出，资源合理配置能够增强数字化创新对物流业发展水平提升的效果。地方政府要确保本地的就业人数总量与当地生产力发展水平相适应，对区域内的劳动力进行适当调控，同时促进社会资本对物流业的理性投资，有效提高区域内的经济运行质量，并将物流业发展与数字化创新结合起来，从而提高物流业发展水平。

4.推动企业数字化管理能力的提升

物流企业面临资本投入不够、人才储备不足、数字化发展能力欠缺等问题，致使其缺乏数字化创新的动力，从而阻碍了物流产业进行全面数字化创新和发展的脚步。政府应以数字化管理能力提升为导向，增加对物流业创新的政策扶持，引进杰出人才，加强对数字物流复合型人才的培养。物流企业应加强数字化管理建设，使企业内部管理摆脱信息孤岛的困扰，实现高效的数据流通和共享，从而提高企业自身的数字化管理能力和数字化创新能力，最终提升物流业整体发展水平。

二、流通业发展与物流模式创新

（一）持续的供应链优化

在当今的复杂经济环境中，企业越来越重视建立弹性供应链，以确保在面临各种外部挑战时依然可以保持稳定且高效地运营。这样的供应链能够迅速适应变化，从而确保产品和服务不间断地提供给客户。为了实现这一目标，企业正在投资先进的预测工具和算法，以更精确地预测市场需求。通过这些工具，企业不仅可以提前了解市场的需求趋势，也

可以有效地优化库存管理,确保在满足客户需求的同时,能最大限度地
降低成本和浪费。

(二)全球供应链的整合

随着全球化进程加速,供应链的构成和运作变得越来越复杂。为了
应对这一挑战,企业不仅需要对其供应链有全面深入的了解,而且必须
持续监控和评估每一个环节的效率。这意味着从原材料的采购,中间的
生产环节,直到最终的商品送达消费者手中,每一步都应当被审查和优
化。这种全方位的视角确保了供应链的高效流畅运作,同时能够及时发
现并纠正可能出现的问题,保障企业能够满足日益提高的消费者需求,
并在竞争激烈的市场中保持领先地位。

三、物流业态发展与物流服务创新

物流服务具有不同于一般服务的特点,面对动态、复杂、快速变化
的环境,物流服务商需要不断进行创新。物流服务创新的实质就是通过
创新实现物流服务的差异化,从而获得竞争优势。物流服务创新受到诸
多因素的驱动,包括企业竞争环境、物流环境和顾客服务需求以及商业
模式的变化、社会经济与信息技术、网络技术的快速发展以及物流服务
商绩效改进的需要等。

(一)顾客需求拉动物流服务创新

物流服务创新的根本目的是满足顾客的个性化需求,所以顾客的需
求是创新的原动力。顾客是新服务的潜在创造者,顾客提出的服务创新
比专家更具创造性和有用性。所以,要充分发挥顾客在物流服务创新中
的参与作用,在充分调查了解顾客需求信息、挖掘顾客思想和知识的基
础上,创新服务内容、服务流程和服务方法。

（二）物流服务供应链重构推动物流服务创新

传统的"纵向一体化"已经不能适应企业竞争的需要，企业为了保持其敏捷性，强化其核心竞争优势，纷纷将物流服务外包。发展第三方、第四方物流，实现物流服务的社会化是物流发展的基本趋势。在这样的环境下，创新物流网络，形成基于供应链的物流服务网络，是实现物流服务竞争优势的必然选择。

四、数字技术发展与物流管理创新

云计算、物联网、大数据、人工智能等数字技术日益成熟与普及，物流领域正在迎来一个重大的转折点。这些先进技术为物流领域带来了前所未有的数字化和自动化能力，预示着该领域未来的工作模式和流程将发生根本性的变革。例如，无人机正在逐渐普及，它们能够快速准确地将包裹送到目的地，大幅缩短配送时间。与此同时，自动驾驶车辆的出现，可能会重新定义货物的长途和短途运输方式，从而提高运输效率和减少人为错误。自动仓库系统则可以高效地处理、分类和存储货物，显著提高了仓储的效率与准确性。总体来说，这些技术的融合和应用，使物流行业向更高效、更智能的方向迅速发展，为整个供应链带来了巨大的价值和潜力。

第四节　面向创新的物流企业知识管理

一、物流企业知识管理的背景

随着经济全球化发展和产业转型升级，企业需要通过不断获取新的知识资源以增强自身的创新能力，提升核心竞争力，巩固并提高其市场地位。当前，知识管理在企业管理中的应用越来越广泛，可以帮助企业在战略决策、业务创新、客户服务、业务运作等方面获得显著收益。

客户的物流需求具有较强的个性化特征，物流企业仅仅依靠自身的资源和能力，难以完全满足客户的整体性物流需求。因此，在物流运作中，物流企业为了实现一体化服务模式，需要将部分物流业务外包，以克服资源掣肘，提升市场竞争力。为了对区域更广、功能更全的物流资源进行整合，物流企业往往会选择供应链管理模式。

物流服务供应链蕴藏了丰富的知识资源，知识资源的高水平共享对企业间的业务协同极具价值，可以显著提升物流企业的竞争能力。面对日趋激烈的竞争环境，物流企业只有围绕物流服务供应链，加强对知识资源的整合、共享与管理，才能提升自身的知识水平和创新能力，进而实现可持续发展。有关物流企业知识管理的探讨不仅能衡量知识管理与物流企业管理之间的关系，还有助于物流企业利用知识管理提高物流服务管理绩效。

二、物流企业开展知识管理的必要性与可行性

（一）物流企业开展知识管理的必要性

随着经济全球化和企业竞争环境不确定性加大，新时代物流企业的成功越来越依赖企业所拥有的知识，知识成为企业最重要的资源。物流企业只有加强知识管理，才能获得持续竞争优势，从而在市场竞争中立于不败之地。下面对物流企业开展知识管理的必要性进行分析。

（1）知识管理有助于物流企业应对经济全球化影响。全球化经营要求物流企业具有跨国交流沟通的能力以及知识获取、知识创造与知识转换的能力。知识管理能力既是物流企业各项能力的基础，也是提升竞争优势和打造核心竞争力的关键，有助于物流企业应对经济全球化影响。

（2）知识管理有助于物流企业应对日益复杂的外部环境。外部环境不确定叠加技术更新速度加快，而知识是企业获取竞争优势的基础，是企业的重要资产。组织学习已成为物流企业得以生存的根本保证，物流

企业只有动员员工获取知识和使用知识，才能应对日益复杂的外部环境。

（3）知识管理有助于物流企业隐性知识的显性化。员工的隐性知识是物流企业的重要资产，如果物流企业不能将员工的隐性知识显性化，就无法将知识保留在企业内部，一旦员工离职，企业将失去员工的隐性知识。通过知识管理，物流企业能够将员工的隐性知识显性化，将知识保留在企业，支持企业后续发展。

（4）知识管理有助于物流企业改善业务流程。基于知识管理，企业能够开展组织学习，企业员工的知识水平和职业能力都将得以提升，能够更好地把握业务流程的作业场景、设施设备及信息系统。除此之外，知识管理能够为员工系统化分析业务流程、规范化落实业务流程及知识化改善业务流程提供数据、信息及知识支持。

（5）知识管理有助于物流企业进行业务创新。物流企业通过融合创新、跨界创新，能够提升自身的竞争能力。由于物流业务的复杂度日益增加，创新已不再依赖某一点的顿悟，而是需要对各类知识的获取、消化及吸收，在此基础上方可完成。通过知识管理，企业能够更好地洞察市场机会和外部威胁，能够更客观地评价自身优势和劣势，综合分析问题，完成业务创新。

（二）物流企业开展知识管理的可行性

知识管理是一个复杂的系统工程，涉及知识工程、学习型组织、组织学习、信息通信技术等诸多领域的知识，物流企业只有具备这些条件，才能开展知识管理。下面对物流企业开展知识管理的可行性进行分析。

（1）知识管理理论体系支持物流企业开展知识管理。知识管理不是孤立存在的，其与学习型组织、组织学习、知识工程、信息通信技术等多学科知识相互交叉、相辅相成。知识管理经过多年发展，逐步厘清了与各学科之间的关系，理论体系已较为成熟，在许多领域均获得了成功实践，这为物流企业开展知识管理提供了理论支撑。

（2）人文环境支持物流企业开展知识管理。知识管理是围绕知识开展的，这对企业员工的文化素质和业务素养提出了较高要求。1978年以来，我国在高等教育方面取得骄人成绩，为国民经济各个领域培养了大量人才，也为物流企业输送了各类专业人才，这为企业开展知识管理创造了人文环境。

（3）知识资源支持物流企业开展知识管理。随着知识经济的发展，物流企业在经营管理领域已经积累了海量的系统化知识资源，覆盖了营销管理、成本管理、运输管理、仓储管理、供应链管理等物流管理的各个细分领域，为物流企业开展组织学习提供了丰富的专业知识内容。除此之外，物流企业可以对企业的组织记忆进行分析，让组织记忆融入企业的知识资源体系，以便员工更好地吸取企业以往的经验教训。

（4）信息通信技术支持物流企业开展知识管理。互联网、移动互联网、云计算、大数据、人工智能等信息通信技术已取得令人瞩目的成绩，并获得广泛应用，这为知识管理提供了信息化技术支撑。物流企业可以开发本企业的知识管理信息系统，并与业务系统进行集成，便于员工在开展业务活动时及时获得知识支持，从而实现业务过程的知识化。

（5）学习型组织支持物流企业开展知识管理。为了适应日益复杂的市场环境，物流企业期望将自身打造成为学习型组织。物流业务运作依赖业务协同和开放共享，这为物流企业向学习型组织转变奠定了基础。物流企业可以利用学习型组织的优势开展知识管理，更好地吸收所需知识，增强员工的创造性思维能力。

（6）组织学习支持物流企业开展知识管理。通过组织学习，物流企业员工可以更好地掌握业务知识和组织记忆，提升市场竞争能力。组织学习与知识管理的目标是一致的，二者相辅相成，物流企业开展组织学习本身就是知识管理的重要一环。

三、物流企业知识管理的流程

明确规范的流程可以帮助物流企业更好地开展知识管理。借鉴知识管理的通用流程，可将物流企业知识管理的流程划分为四个主要阶段，即知识构建阶段、知识保有阶段、知识动员阶段及知识利用阶段。知识管理流程的四个阶段应呈现螺旋式上升的趋势，以支持知识管理的开展。

（1）知识构建阶段。在知识构建阶段，物流企业将实现知识的创造与获取。物流企业可以采用 SECI 知识创造模型，将难以沟通和共享的隐性知识转换为易于沟通和共享的显性知识，同时从企业内外部获取各类数据、信息及知识。除此之外，物流企业应对企业记忆进行分析和保存。组织记忆中的经验教训是企业的宝贵财富，既阐释了企业的发展历程，也从经验视角论证了企业的未来之路。物流企业应根据需要持续学习和改进、更新或修订知识内容，进而决定是继续持有、保留还是剥离某些知识。

（2）知识保有阶段。在知识保有阶段，物流企业将获取的各类知识分门别类地存储在企业内部。在信息通信技术的支持下，知识存储应采用数字化形式，为后续对知识的操作提供便利。在知识存储方式上，知识库已有数十年历史，应用相对成熟，而知识图谱的应用更为高效，是未来的发展方向。

（3）知识动员阶段。在知识动员阶段，物流企业突破单个企业知识管理的界限，覆盖物流服务供应链上下游，实现知识在物流企业内部及外部的共享与转移。知识动员可围绕物流企业的业务流程和管理职能开展，将知识转移到需求点，实现知识内容与知识需求的更好匹配。

（4）知识利用阶段。在知识利用阶段，物流企业能够有效使用与应用知识，开展业务运作和业务创新。物流企业利用知识，完善业务流程、降低成本及提高服务质量，更好地满足客户当前的物流需求。物流企业融合企业内外部知识及组织记忆，研发创新业务，更好地满足客户潜在的物流需求。

四、物流企业知识管理的实施路径

（一）构建物流企业知识体系

物流企业知识体系涉及两个方面的知识，即通用知识和组织记忆。通用知识包括第三方物流、仓储管理、运输管理、物流信息管理、顾客关系管理以及特定行业物流管理。组织记忆是存储箱，功能是识别、保存和提供有价值的经验教训与最佳实践，具体包括知识库、案例库、最佳实践库和历史档案等。经验教训和最佳实践是同一枚硬币的两面，代表组织在试错经验中累积的结果和知识。经验教训被保存在组织记忆中，以供未来访问和利用。组织学习的一个重要先决条件是员工必须意识到经验教训的存在，积极寻求经验教训并从中学习。知识体系不是一成不变的，而是伴随着物流企业的发展而不断丰富和完善。

（二）打造学习型组织

学习型组织是指通过培养弥漫于整个组织的学习气氛、充分发挥员工的创造性思维能力而建立起来的一种有机的、高度柔性的、扁平的、符合人性的、能持续发展的组织。物流企业应将自身打造成为学习型组织，获取持续学习的能力，更好地从知识管理过程中汲取外部知识，将企业内部的隐性知识显性化，进而创造适合企业发展的知识。学习型组织的打造，将为物流企业创造良性、共享的企业文化，能够充分挖掘员工的潜能，从而提升企业的竞争能力，支持企业可持续发展。

（三）开展组织学习

组织学习是构建物流企业持久竞争力的重要过程。组织学习可以生成新知识，将其嵌入物流企业的业务流程、程序和规则，可以帮助物流企业持续发展。为了有效开展组织学习，物流企业需获得管理层的支持，鼓励员工参与，并将隐性知识转化为显性知识。依据学习深度，可以将组织学习分为三种模式，即单环学习、双环学习及三环学习。单环学习是一种适应式学习过程，侧重于对照现有规则和规范追踪和纠正错误，不质疑也不改变系统基本值。双环学习是一种反思式、生成式学习过程，组织在此过程中重新评估和修订整个组织的基本标准、政策、程序和目标，从而实现持续学习和演变。三环学习是一种变革式、创造式学习过程，能够让双环学习和单环学习成为可能，也就是让企业学会学习。物流企业应将组织学习与知识管理相结合，并根据自身条件，决定采用哪种学习模式。

（四）建立知识管理信息系统

随着我国一系列数字化战略的实施，信息通信技术对知识管理的革命性影响进一步凸显。面对数字化转型的"互联网＋"时代，以互联网、物联网、云计算、大数据、人工智能为代表的新一代信息技术推动知识管理领域的智能化发展，为知识管理提供了动力与支撑。为了发挥信息的效率效应和协同效应，物流企业可以建立知识管理信息系统。通过知识管理信息系统，物流企业可以在组织学习中推广在线学习、协同学习，提升学习效果。在知识管理信息系统建设中，为避免出现"共享难、整合难、重构难"等痛点问题，物流企业应基于云计算平台建设知识管理信息系统。

（五）评价知识管理水平

知识管理水平评价是物流企业开展知识管理的重要一环，有助于物流企业把握知识管理状况并发现知识管理中存在的问题，为知识管理持续改进指明方向。知识管理水平评价应围绕知识管理目标，综合采用过程性评价和结果性评价两种方式，并定期开展。为客观开展水平评价，物流企业需要编制科学的知识管理水平评价指标体系，如知识体系完备程度、知识共享水平、组织记忆更新率等。由于知识管理是螺旋式上升的，因此评价指标体系也应与时俱进，伴随着企业的发展而逐步完善。

（六）采用 PDCA 循环管理法提升知识管理绩效

知识管理不是一蹴而就的，需要持续开展，实现螺旋式上升。PDCA循环管理法是一个成熟的持续管理提升方法，在各个领域均有广泛的应用，同样适用于知识管理绩效的提升。知识管理 PDCA 循环由四个阶段组成。在 P（计划）阶段，物流企业可以分析知识管理的现状，找出问题，制订知识管理改进措施和计划。在 D（执行）阶段，物流企业可以实施知识管理改进计划，确保工作能够按计划进度开展。在 C（检查）阶段，物流企业可以根据措施计划的要求，检查、验证改进计划执行的结果，查看是否达到预期效果，并进行总结分析。在 A（处理）阶段，物流企业可以将已被证明的有效措施进行标准化，以便后续执行和推广，并将尚未解决的问题遗留到下一个循环予以解决。

物流企业开展知识管理，可以显著增强协调能力，在战略决策、业务创新、客户服务、业务运作等方面获得显著收益。当然，知识管理绝不是一蹴而就的，需要物流企业持之以恒，保持共享开放的态度，激发员工学习的积极性，制订相应的激励政策，并通过 PDCA 循环持续改进，这样才能取得良好效果。放眼经济全球化和社会分工的精细化，竞争已不再局限于企业层面，而是体现在产业链和供应链层面。未来，知识管理必将突破企业边界，围绕产业链和供应链持续发展，并具有更多的社会属性。

第五节　物流企业数字化转型的整体框架与实施路径

一、物流企业数字化转型的背景

当今，云计算、物联网、大数据等数字技术正在改变社会和经济的各个方面，推动传统经济向数字经济转型。根据中国信通院公布的数据，2023 年中国数字经济规模达到 53.9 万亿元，占 GDP 比重达到 42.8%，数字经济在国民经济中的地位和作用进一步凸显。在数字经济时代，企业为了适应快速更新的数字技术，满足日新月异的市场需求，提升运作效率及应对行业竞争，必须主动选择数字化转型。数字化转型是企业利用先进技术来优化或重塑业务模式，以客户为中心，以数据为驱动，打破传统的组织效能边界和行业边界，提升竞争能力，为企业创造新价值的过程。

物流业是现代服务业的一个重要分支，为生产、流通和消费等各个环节提供支持。在数字化转型浪潮中，新兴物流企业把握时代机遇，已创新出数字货运、数字快递等数字化物流服务，但传统物流企业仍面临企业组织模式僵硬、数字基础设施落后、业务创新能力不足等一系列挑战。因此，物流企业需要结合物流行业发展趋势和自身业务特点，对数字化转型进行全局思考，形成总体思路和整体框架，明确转型的目标、路径，并采取有效措施来应对潜在风险和挑战。

二、物流企业数字化转型整体框架

数字化转型是企业战略的重要组成部分并直接服务于企业战略，因此企业战略是数字化转型的根本依据。同时，数字化转型实施是一项复杂的系统工程，涉及转型规划、数字技术应用、业务模式重塑等多个方面，需要全局思维和变革范式。物流企业需要结合企业战略，对数字化转型进行全局思考和顶层设计。物流企业在思考数字化转型时，要兼顾转型规划与转型实施、业务运作与数字技术、职能管理与项目管理，形成数字化转型整体框架。物流企业数字化转型整体框架是一个系统性、多维度的体系，由数字化转型规划与实施、数字化业务运作模式、数字基础设施及数字化转型保障四部分组成，如图 2-1 所示。转型框架的各部分发挥不同作用，彼此关联，共同推动物流企业数字化转型的实施。

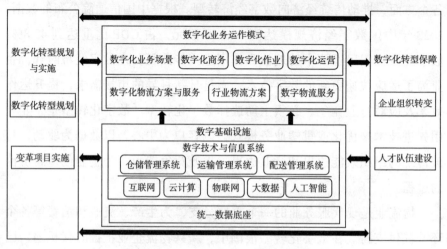

图 2-1　物流企业数字化转型整体框架

（一）数字化转型规划与实施

在数字化转型中，转型规划与变革项目实施相辅相成，为物流企业构建了一套数字化转型方法论，共同推动转型工作向纵深发展。

1.数字化转型规划

数字化转型规划是指企业为了利用数字技术提升运营效率、创新能力和市场竞争力，而制订的一系列转型目标、策略和行动计划。转型规划是数字化转型工作的起点，是"对准战略、描绘愿景、设计蓝图、规划项目"的过程，为数字化转型提供全面的指导。数字化转型规划要结合物流行业发展趋势和物流企业自身特点设定转型目标，并聚焦数字技术应用、运作模式改进、数据安全与隐私保护及相关保障措施等。

2. 变革项目实施

变革项目是物流企业数字化转型的具体行动和载体，其实施有助于物流企业优化运营管理及提升市场竞争力，是推动业务创新的关键。物流企业要通盘考虑，将数字化转型工作拆解为一个个具体的变革项目（如信息系统升级、业务流程重构等）并加以落实，逐步实现转型蓝图。

（二）数字化业务运作模式

数字化业务运作模式是数字化转型的重要体现，具有高效、灵活、个性化等特点，能够帮助物流企业快速适应市场变化、优化业务流程及提升客户体验。数字化业务运作模式的关键要素包括数字技术应用、业务流程优化、数据驱动决策及客户体验改善，并通过数字化业务场景和数字化物流方案与服务予以体现。

1. 数字化业务场景

数字化业务场景是围绕特定物流业务需求，通过对数字技术的集成与应用，实现业务要素整合、业务系统集成及业务运营管理的具体情境。基于数字化业务场景，物流企业可以分析业务需求、优化业务流程、改善客户体验、加强组织协作、创新服务模式及支持管理决策，从而推动企业可持续发展。数字化业务场景包括数字化商务、数字化作业、数字化运营等。

2. 数字化物流方案与服务

数字化物流方案与服务是指围绕客户需求，利用数字技术和信息系统对物流业务进行全方位的改造和升级，以实现物流资源高效配置、物流流程优化协同的解决方案与物流活动。数字化物流方案与服务是物流企业与市场的接触点，由面向行业的物流解决方案和基于功能的数字化物流服务两部分组成。

（三）数字基础设施

数字基础设施是支撑物流企业数字化的底层架构，由数字技术与信息系统、统一数据底座两部分组成。数字基础设施具有效率效应和协同效应，能够为物流企业数字化转型提供信息化平台并全面支撑物流业务运作。

1.数字技术与信息系统

数字技术与信息系统涵盖了计算机、网络、存储、物联网、大数据及各类应用系统。数字技术与信息系统相互依存，能够提升物流企业的信息化与自动化水平。

2.统一数据底座

统一数据底座是一种具有数据存储、管理、计算和分析能力的数据平台，它汇聚了各种类型的数据，并提供数据治理、数据仓库等服务。统一数据底座不仅包含传统的数据存储和处理组件，还应用人工智能、大数据等数字技术，实现对数据的精准分析和价值挖掘。统一数据底座对于物流企业实现信息共享、提高数据分析能力及加强数据安全和隐私保护具有重要作用。

（四）数字化转型保障

为确保数字化转型有序推进和转型目标顺利实现，物流企业需要采取企业组织转变、人才队伍建设等保障措施，为转型工作提供稳定、可持续的支持和保障。

1.企业组织转变

对企业而言，组织模式不仅是实现目标和愿景的基石，还是高效运作、持续发展的组织保障。物流企业需要调整和优化组织结构，顺畅企业内外部协作，促进资源共享，提高决策效率和响应速度，从而推动数字化转型向纵深发展。

2.人才队伍建设

随着数字化技术的快速发展,物流企业需要不断适应新技术、新模式,并进行业务创新,而这一切都离不开高素质、专业化的物流人才队伍。物流企业通过制订科学的人力资源规划、加强内部人才培养、引进外部优秀人才、建立人才激励机制等措施,使人才队伍能够满足数字化转型的要求。

三、物流企业数字化转型实施路径

数字化转型是一个系统且复杂的过程,物流企业应基于数字化转型整体框架,充分考虑物流行业特点,从制订转型规划、完善数字基础设施等方面构建数字化转型路径,为转型成功奠定基础。

(一)以企业战略为引领,制订数字化转型规划

数字化转型规划涉及系统建设、模式重塑、组织变革等多个方面,这就需要物流企业依据企业战略对数字化转型进行系统性、前瞻性的规划。通过制订科学的数字化转型规划,物流企业可以明确转型目标、设定转型路径及强化组织保障,确保转型工作有序推进和高效落实。由于数字化转型直接服务于企业战略,因此物流企业应以企业战略为引领,制订数字化转型规划。

1.明晰企业战略

企业战略是指企业在长期发展过程中,为实现其愿景和使命,通过分析内部和外部环境,制订的一系列具有指导性、全局性和长远性的决策和行动计划。通过明晰企业战略,物流企业可以厘清市场环境、竞争策略、资源配置、组织模式及数字技术应用等转型要素。为了更好地发挥企业战略的引领作用,物流企业在制订数字化转型规划之前,需要先明晰企业战略。

2.制订数字化转型规划

数字化转型对企业的影响是全方位、深层次的，因此数字化转型规划务必得到物流企业高层领导的支持和肯定。在制订数字化转型规划时，物流企业要充分考虑物流行业的发展趋势和自身特点，找到转型的重点和突破口，选择合适的技术和架构搭建数字基础设施，对业务模式和流程进行全面梳理和优化。除此之外，数字化转型规划还应聚焦目标、路径、时间表等方面，确保转型工作按计划、有步骤地推进。

（二）以迭代升级为策略，落实数字化变革项目

数字化转型是一个持续不断的复杂过程，物流企业可将数字化转型工作拆解为一个个具体的变革项目，并加以落实。变革过程并不是一蹴而就的，物流企业应采取迭代升级策略，循序渐进地落实变革项目。

1.遴选数字化变革项目

在紧扣数字化转型目标的基础上，物流企业需要选定合适的变革项目作为抓手，推动数字化转型。变革项目应能够支持转型目标的实现，并具有可行性、可操作性和可衡量性。数字化变革项目涉及运作模式改进、业务流程优化、数字技术应用、物流业务创新等各个方面。

2.计划并实施数字化变革项目

对于选定的变革项目，物流企业应采用科学的项目管理方法，从变革项目的目标、范围、时间、成本、质量、人员、沟通、风险等要素入手，制订详细的项目实施计划。依据项目计划，物流企业可以调动各类资源，高效推动项目实施，同时加强项目过程监控，确保项目成功。

3.评估变革项目成果并迭代升级

数字化转型是一个需要不断迭代升级的过程。物流企业应建立评估体系，对变革项目进行评估和总结。物流企业首先应评估变革项目成果是否达到预期目标、是否存在改进空间，然后根据评估结果和市场需求变化，调整和优化变革项目下一阶段实施策略，从而推动数字化转型变革项目迭代升级。

（三）以业务场景为对象，重塑数字化业务运作模式

业务场景是一个融合了数字技术、业务流程、客户体验、组织协作等各类要素的综合性情境，可以对物流业务运作模式进行全面展现。物流企业应用数字技术重塑业务运作模式时，应以业务场景为对象，分析客户需求、优化业务流程、开展数据分析，从而推动物流业务向数字化转型。

1.剖析数字化业务场景

基于数字技术与业务管理深度融合，物流企业应对仓储、运输、配送、订单处理、客户服务等业务环节进行组合，形成数字化业务场景，如数字化商务、数字化作业、数字化运营等。同时，物流企业应依据各类业务场景的特点，分类剖析业务场景的各类要素，确定痛点、难点及改进措施，为数字化改造奠定基础。

2.重塑并循环改进数字化业务运作模式

物流企业应以业务场景为对象，将信息化、自动化及智能化融入业务运作，实现简化业务操作、提高业务协同，从而重构业务运作模式。业务运作模式的改进是一个持续迭代和优化的过程。物流企业可采用PDCA循环管理法，并结合六西格玛、精益管理等管理思想，围绕计划、执行、检查和处理四个阶段不断迭代，持续改进和优化运作模式，逐步逼近最佳业务实践。

（四）以物流市场为导向，创新数字化物流方案与服务

物流企业应通过提供数字化物流方案与服务来满足数字时代的客户需求，实现价值创造。物流企业在发展过程中要密切关注市场需求的变化，并以物流市场为导向进行技术应用、策略调整和服务创新。

1.把握数字时代的物流市场机会

近年来，中国物流业总体规模快速增长，服务水平显著提高。根据中国物流与采购联合会的统计，2023年全国社会物流总额达到352.4万亿元，同比增长5.2%，物流市场持续扩大，并保持稳健的增长态势。物流需求结构调整加快，增长动力向高端化、智能化、绿色化方向转换，为物流产业创造了巨大的商业机会。物流企业应把握这些机遇，不断创新服务模式，提升服务质量，以应对未来的挑战。

2.创新面向行业的数字化物流方案

面向行业的数字化物流方案是指物流企业在充分考虑特定行业物流特点的基础上，通过引入数字技术、信息系统及智能装备，优化物流服务流程，从而形成满足行业差异化物流需求的综合性物流方案。物流企业在创新数字化物流方案时，需要从数字技术应用、客户行业特点及供应链模式出发，着力帮助客户提高物流效率、降低物流成本及增强客户体验。

3.拓展基于功能的数字化物流服务

基于功能的数字化物流服务是指物流企业为满足客户需求，应用数字技术，对运输、仓储等物流环节进行数字化改造和升级，从而形成的一种新的物流服务，如数字货运、数字仓储等。物流企业在拓展数字化物流服务时，需要从技术应用、服务模式、客户体验等方面入手，不断推动物流服务向数字化和智能化发展。

（五）以云计算平台为支撑，完善数字基础设施

云计算平台将硬件、软件和数据集成到统一的平台中，为用户提供访问和管理计算资源的能力。通过云计算平台，物流企业可以构建强大、灵活且可扩展的数字基础设施，实现信息资源的整合与共享、数据处理与分析，从而支撑业务运营、决策分析以及业务创新。

1.选取云计算服务层次

云计算服务通常被划分为三个主要层次：一是基础设施即服务（IaaS），适用于需要高度控制计算资源的网络架构；二是平台即服务（PaaS），适用于需要快速开发、部署和管理的应用程序；三是软件即服务（SaaS），适用于需要快速部署和使用的应用程序。在选取云计算服务层次时，物流企业需要综合考虑业务需求、技术能力、成本预算和未来扩展性等因素，选择最适合自身需求的云计算服务层次。

2.搭建基于云计算平台的数字基础设施

云计算平台作为数字基础设施的重要组成部分，具有可扩展、按需付费等特点。在选取云计算服务层次后，物流企业可基于云计算平台提供的数据存储和计算服务，快速部署和运行物联网、大数据等技术系统及仓储管理系统、运输管理系统等应用系统，从而完成数字基础设施的搭建。

3.推动数字基础设施互联互通

数字基础设施的互联互通突破了组织边界和行业边界，实现了信息共享及应用系统互联。物流企业在推动数字基础设施互联互通时，要以物流业务各环节高效协同为目标，同时加强互联互通技术标准建设和数据安全保障。

（六）以数据治理为依托，构建统一数据底座

通过实施数据治理，物流企业能够更好地管理和利用数据资源，提升数据质量、促进数据共享、保障数据安全及获得决策支持。在构建统一数据底座时，物流企业可依托数据治理，促进数据的共享和开放，提高数据的利用率和价值。

1.建立数据治理体系

数据治理体系是指从组织架构、管理制度、操作规范、数字技术、绩效考核等多个维度，对组织的数据模型、数据架构、数据质量、数据安全、数据全生命周期等各方面进行全面的梳理、建设以及持续改进的体系。物流企业通过建立数据治理体系，可以确保数据的准确性、一致性和可用性，提高数据的质量和可信度，进而优化数据利用，为构建物流企业统一数据底座打下基础。

2. 分步构建统一数据底座

统一数据底座提供了一个统一的数据管理框架，使得物流企业能够全面管理和高效利用数据。构建统一数据底座需要统筹规划，分步构建。物流企业在构建统一数据底座时，一般需要分三步实施：第一步是完成企业数据的电子化；第二步是畅通企业内部物联网、大数据系统、各类应用系统之间的数据互联；第三步是实现企业内部数据与外部数据的共享。统一数据底座的构建并非一劳永逸，物流企业还应顺应技术和业务发展，对其进行持续优化与改进。

（七）以深度融合为目标，打造敏捷型组织模式

物流企业向敏捷型组织模式转变将为数字化转型提供更好的组织保障。以数字技术与业务管理深度融合为目标，采取引入先进技术、优化组织结构、深化供应链合作等措施，物流企业可以逐步打造适应市场变化、具有高度协同的敏捷型组织模式。

1. 设定数字技术与业务管理深度融合的目标

数字技术与业务管理深度融合指的是企业在组织层面、业务层面以及技术层面紧密结合与协作。通过深度融合，物流企业能够充分发挥数字技术的作用，打破传统组织边界，优化资源配置，提高运营效率。物流企业可以结合自身特点，围绕优化业务运营、提升客户体验、推动业务创新等方面，设定数字技术与业务管理深度融合的目标。

2. 推动企业向敏捷型组织模式转变

组织模式转变将对企业产生全方位、深层次的影响，需要企业高层领导深度参与才能取得成效。为了实现向敏捷型组织模式转变，物流企

业还需要从多方面入手，包括明确战略愿景、构建敏捷组织架构、深化供应链合作、优化信息沟通机制、采用敏捷方法与工具等。

（八）以数字素养为重点，建设复合型人才队伍

在数字化转型浪潮中，我国物流产业人才队伍建设面临高素质人才供需失衡、人才数字素养不够的挑战。在数字化转型中，业务模式、业务创新等各方面都融入了数字要素，人才数字素养的重要性凸显。因此，物流企业应以数字素养为重点，多措并举建设复合型人才队伍，满足数字化转型要求。

1.明确复合型物流人才需求

复合型物流人才定位为具备较高数字素养、精通物流业务、能够应对复杂物流环境挑战的综合型人才。复合型人才在数字素养方面，应具备在数字环境下利用一定数字技术的手段和方法，以及快速有效地发现并获取信息、评价信息、整合信息、交流信息的综合科学技能与文化素养。物流企业通过明确人才需求，为复合型人才队伍建设指明了方向。

2.实施多元化人才提升策略

为满足复合型人才队伍建设要求，物流企业要实施多元化人才提升策略。一方面，物流企业应建立完善的内部培训体系，定期对员工开展数字技能、物流管理等方面的培训，提升其综合素质和业务能力；另一方面，物流企业要积极引进具有丰富实践经验和较高数字素养的物流人才，为企业注入新鲜血液和活力。

3.优化人才评价与激励机制

物流企业应通过构建科学的评价机制，从数字素养、业务能力、创新能力等多个维度对员工进行全面评价。同时，物流企业要完善人才激励机制，对在数字素养提升和物流技术创新方面表现突出的员工给予表彰和奖励，激发人才的积极性和创造力。

数字经济作为国家发展战略，为物流企业数字化转型提供了重要机

遇和发展方向。推动物流企业数字化转型，加快形成物流产业新质生产力，是适应新时代高质量发展要求的必然选择。数字化转型是一场深层次、全方位的变革，需要物流企业站在全局高度，系统性推进。物流企业要始终坚持以市场为中心，把握市场需求的新变化、新特点、新要求，不断推进业态、模式及服务的创新，稳步实现数字化转型蓝图。

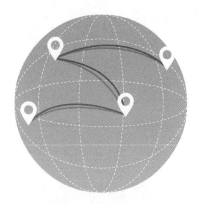

第二篇　流通业发展与物流模式的创新与实践

　　建设现代产业体系要求提高现代物流价值创造能力，要求现代物流适应现代产业体系对多元化、专业化服务的需求，深度嵌入产业链供应链，促进实体经济降本增效，提升价值创造能力，推进产业基础高级化、产业链现代化。全球产业链供应链加速重构，要求现代物流对内主动适应社会主要矛盾变化，更好地发挥连接生产消费、畅通国内大循环的支撑作用。

　　物联网、云计算、大数据等数字技术对构建支撑国内国际双循环的物流服务体系、实现物流网络高效联通作用显著。数字技术极大地推动了供应链数字化、通关数字化，加速了流通业转型。全国统一大市场建设为流通业发展创造了良好的政策环境和发展动力，将有效破解物流全链条运行效率低、成本高的难题。

　　流通业发展趋势决定了物流模式创新方向。本篇从众多流通业类型中选取生鲜农产品流通和跨境电子商务两大热点领域，分析它们的发展趋势及对物流模式的需求。数字技术、商业发展及政策创新的多频共振，为物流模式创新提供了绝佳环境。

　　本篇的商业实践案例分析是 A 公司物流模式和 B 公司跨境电商物流模式。

第三章　生鲜农产品物流模式创新与实践

第一节　生鲜农产品供应链演进

一、生鲜农产品供应链的范式变迁与当代特征

（一）生鲜农产品的内涵界定与分类标准

依据《中华人民共和国农产品质量安全法》第二条，生鲜农产品特指在农业活动中直接获取的初级产品范畴，涵盖种植、畜牧、水产及林业等领域的鲜活产品。其核心特征在于保持自然生命活性状态，未经深度工业加工处理，最大限度地保留原始营养成分和生物特性。根据联合国粮食及农业组织的界定标准，这类产品需满足三个基本条件：含水量超过 60%、保质期不超过 30 天、需冷链系统保障。

不同市场主体在生鲜品类的划分标准上存在显著差异。图 3-1 是某头部电商平台的生鲜品类划分。这种分类既考虑产品特性，又兼顾消费场景，反映出新零售时代的产品运营逻辑。

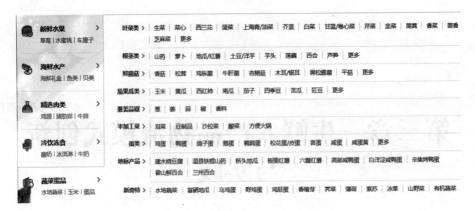

图 3-1　某电商平台生鲜商品分类

（二）供应链体系的历史演进轨迹

我国生鲜农产品流通体制历经三个关键转型期，下面进行介绍。

1. 计划经济时期（1949—1978 年）：统购统销体系下的"三级流通"

这一时期形成了"国营收购站—区域调拨中心—城市副食店"的垂直流通架构。1978 年的数据显示，国营渠道占据生鲜流通市场份额的92%，供销合作社系统年调运量达 8000 万吨。这种高度计划性的流通体制虽保障了基础供给，但导致全国年均果蔬损耗率高达 35%，冷链覆盖率不足 5%。

2. 市场化转型期（1979—2000 年）：双轨制下的渠道裂变

随着农产品统派购品种从 183 种缩减至 1993 年的 9 种，多元流通主体快速崛起。至 2000 年，全国农产品批发市场数量突破 4 000 家，个体商户占比升至 67%。此阶段形成了"农户—经纪人—批发市场—农贸市场"的主流通道，但流通环节平均达 4.6 个，加价率超过 150%。

3. 现代化升级期（2001 年至今）：数字时代的渠道重构

生鲜电商的崛起推动流通环节大幅压缩，并呈现"四流合一"特征：传统农批市场、连锁商超、电商平台、社区团购并存发展。

（三）当代供应链体系的特征解析

当前，我国生鲜供应链呈现"哑铃型"结构特征：上游生产高度分散与下游消费持续升级形成鲜明对比，中游流通环节则呈现复杂网络化特征（图 3-2）。

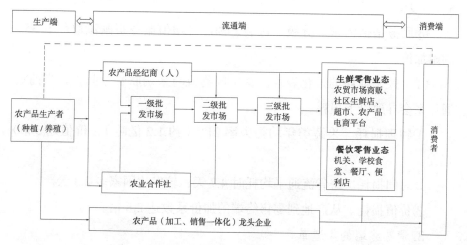

图 3-2　我国农产品流通体系示意图

1. 生产端的双重分散格局

（1）地理维度：特色农产品的区域集聚。根据《特色农产品优势区建设规划》，我国已形成 342 个国家级特优区，涵盖水果、蔬菜、茶叶等八大品类。以柑橘类为例，形成赣南脐橙、三峡库区、湘南 – 桂北三大产业带，地理标志产品达 27 个。这种区域集中化与全国分散化并存的格局，导致跨区域流通比例超过 65%。

（2）组织维度：小农经济的现代困境。第三次全国农业普查显示，2.3 亿农业经营主体中，98% 为小农户，户均耕地 7.8 亩。这种碎片化生产导致产品标准化率不足 30%，品质一致性差异达 42%。

2. 流通中游的复杂网络

（1）多级分销体系的运行逻辑。典型流通路径包含四级节点，即产地经纪人（120 万人）—一级批发市场（4 600 家）—二级批发商（38 万户）—零售终端（280万个）。这种结构的形成源于以下三个经济动因。

①风险分担机制。每级流通商承担平均23天的账期压力，资金周转率仅为2.1次/年。

②信息壁垒效应。产销地价格信息传导需经4.2个环节，时滞达5～7天。

③服务增值需求。分级、包装、预冷等增值服务贡献流通环节35%的附加值。

（2）效率损耗的量化表现。据中国物流与采购联合会测算，当前流通体系会导致以下损耗。

①物理损耗。果蔬类年均损失率21%（约1.2亿吨），价值超3000亿元。

②时间损耗。跨省流通平均耗时4.7天，较发达国家多2.3天。

③价值损耗。从产地到零售终端的加价系数达2.8倍。

3. 消费终端的渠道革命

（1）业态创新的四维演进。

①空间维度。从农贸市场（5千米服务半径）到社区生鲜店（500米覆盖圈）。

②时间维度。从日间交易到24小时即时配送（30分钟达）。

③技术维度。从现金交易到AI视觉结算（识别准确率达99.6%）。

④服务维度。从单纯商品销售到"产品+体验+服务"生态构建。

（2）渠道结构的量变与质变。2022年的数据显示，传统渠道占比降至58%，新兴渠道呈现差异化发展。

①生鲜电商。GMV达5 600亿元，前置仓模式履约成本降至12.8元/单。

②社区团购。渗透率达32%，团长人均月收益超4 500元。

③会员店业态。客单价提升至258元，付费会员突破800万人。

二、生鲜供应链创新的四大演进方向

（一）产销衔接机制的智能化升级

1.新型中介组织的功能进化

（1）数字经纪人的崛起。基于大数据的"云代办"平台已覆盖2 100个农业县，通过智能匹配算法将传统经纪人的撮合效率提升5倍，服务费降低至0.8%。

（2）契约关系的深化。"保底收购＋利润分成"的复合型契约占比升至37%，带动订单农业规模突破1.8万亿元。

2.生产组织的结构性变革

（1）合作社数字化转型。全国38万家合作社中，15%已实现数字化管理，通过物联网设备采集生产数据，指导标准化种植。

（2）农业产业化联合体。形成"龙头企业＋合作社＋家庭农场"的三级架构，2022年带动农户均增收6 200元。

（二）流通网络的拓扑结构优化

1.短链化创新的三个路径

（1）基地直采的规模化。TOP100零售企业自建基地达2 800个，直采比例显著提升。

（2）批发市场的功能再造。深圳海吉星建成全国首个农产品流通大数据中心，实现交易匹配效率提升300%。

（3）集散中心的智能化。京东亚洲一号智能仓的日处理生鲜订单达80万件。

2.流通技术的突破性应用

（1）区块链溯源体系。实现从田间到餐桌的信息采集，溯源查询响应时间大幅缩短。

（2）智能合约结算。大幅缩短结算账期。

（三）数字技术的穿透性赋能

1. 基础设施的数字化

（1）冷链物联网。全国部署超 120 万个温湿度传感器，异常预警准确率达 92%。

（2）智能分拣系统。处理效率大幅提升，破损率降至 0.05%。

2. 运营模式的智能化

（1）需求预测算法。将生鲜备货准确率提升至 85%，损耗率降低 7 个百分点。

（2）动态定价系统。实时调整 2 000+SKU 价格，毛利率提升 3.2%。

（四）消费服务的体验重构

1. 即时零售的爆发式增长

（1）配送时效优化。从"次日达"到"分钟级"（美团闪电仓平均送达时间 29 分钟）。

（2）服务场景延伸。从商品配送到烹饪指导（每日优鲜食谱推荐使用率超 40%）。

2. 社区商业的生态化建设

（1）"一刻钟便民圈"的标准化。将菜店、早餐店、便利店等基础业态实施标准化。

（2）适老化改造。智能柜 + 人工服务的混合模式覆盖更多的老龄化社区。

第二节 超市生鲜农产品物流模式

一、超市生鲜农产品经营模式

自 20 世纪 90 年代初，超市作为一种新的零售方式在我国快速发展并日趋成熟。90 年代中期，我国的超市开始经营生鲜农产品，包括蔬菜、水果、水产、肉类等，在居民日常生活中占有日趋重要的地位。在发达国家，美国生鲜农产品的 90%、日本生鲜农产品的 60%、英国生鲜果蔬的 50%，都是经由超市销售给消费者的。在我国，随着生活水平的提高，人们对生鲜农产品的关注点正从价格转变为品种、营养、新鲜度等。超市销售的生鲜农产品在被消费者认同和接受的同时，帮助超市聚集了人气，已成为超市的一个重要利润来源。

（一）连锁超市生鲜农产品经营的优势和所面临的挑战

1.连锁超市开展生鲜农产品经营的优势

经过 20 多年的发展，我国超市开展生鲜农产品经营已经具有一定的基础和优势。在营业规模方面，超市普遍具有单店营业面积较大、门店多且布局合理的特点，具有较强的规模经济效应；在营销方面，超市良好的购物环境、安全放心的商品品质、齐全的商品品类以及一站式购物模式获得了消费者的认可；在运营方面，超市普遍基于供应链管理模式，建立了涵盖采购、物流、门店运营、财务等方面的管理体系，为规范化的运营奠定了基础；在物流配送方面，超市一般都建立了商品的物流配送体系，并实现了对连锁门店的配送，有效支撑了超市的连锁经营。

2.连锁超市生鲜农产品经营所面临的挑战

由于生鲜农产品流通环节过多，超市作为生鲜农产品流通链条的末端，易出现价格高、新鲜度低和质量不高的问题。超市的高进入门槛是生鲜农产品直供超市的主要障碍，超市传统的供销模式是由贸易商向超市供货，这就导致流通链条偏长。超市在生鲜农产品经营过程中仍然采用粗犷的运营方式，生鲜农产品的零售环节损耗较高，导致超市在生鲜农产品经营中缺乏盈利空间。由于贯穿整个生鲜农产品产业链的质量安全体系尚未健全，超市在生鲜农产品经营中无法对生鲜农产品进行追溯，因此存在较大的质量安全隐患。物流配送体系发展滞后，尤其是冷链物流较为落后，是制约生鲜农产品的超市化经营的规模扩张的主要因素。在生鲜农产品产业链中，超市的信息系统较为先进，但却没有向上游供应链各环节开放，这就导致超市生鲜农产品的经营协同缺乏有效的信息化手段。

（二）优化超市生鲜农产品经营模式的对策

1. 实行生鲜农产品的品牌化经营，强化竞争优势

伴随着人们对食品安全、营养的高度重视以及消费需求的多元化，生鲜农产品的消费市场正逐步向有机、绿色发展。实行生鲜农产品的超市化经营，不仅能提高经营档次，而且可以满足人们对安全、营养及购物环境的高层次需求，从而实现生鲜农产品零售业的转型升级。消费者对超市销售的生鲜农产品在质量安全方面有着较高的认可度，为超市生鲜农产品的品牌化经营奠定了良好基础。在品牌化经营策略方面，超市既可以引进已有的生鲜农产品品牌，又可以自创生鲜农产品品牌，以提升竞争优势。品牌化经营成功的背后，还需要超市与供应商共同加强生鲜农产品的供应链管理。

2. 推行生鲜农产品品类管理，深度耦合采供销

生鲜农产品的品类管理是指对生鲜农产品进行分类，区分出若干组消费者认为相关且可相互替代的生鲜农产品，通过超市与供应商合作，将品类视为策略性事业单位来经营的过程，通过创造商品中消费者价值来创造更佳的经营绩效。通过品类管理，超市可按地域、季节、消费习惯等因素对生鲜农产品进行市场细分，以满足不同层次消费者的需求，

从而形成竞争优势。在基于品类管理的生鲜农产品零售模式中，超市与供应商结为合作伙伴，依托实时销售数据实现以销定采，从而加强供应链各环节的协同。通过实施品类管理，超市可以将生鲜农产品的进销存进行深度耦合，以实现利益、风险的全程供应链贯穿。对超市而言，可以减少管理货架的人力，降低缺货率，减少库存成本，提高销售量，提高商品周转率以及形成较佳的采购及商品组合。对供应商而言，可以减少存货成本，增加销售量，提高市场占有率和毛利率。

3.提高生鲜农产品基地直采比重，降低采购成本

超市可以通过在生鲜农产品的产地建立生产供应基地或在原产地进行直接采购，来降低采购成本和减少损耗，提高竞争力。采用"连锁超市—农业企业（农业经合组织）—农户"的产业链与供应链紧密连接的模式可以帮助超市创建畅通的采购渠道。超市通过推行"农超对接"，减少农产品流通中间环节，降低物流成本，从而在农产品价格方面形成相对优势。从超市和供应商合作的紧密程度来看，直采模式可分为三个层次，即松散型的合作基地、半紧密型的认证基地，以及紧密型的自有品牌基地。可以针对不同的品类和供应商情况，采用不同的直采模式，并互为补充，更好地发挥供应资源的差异化优势。通过直采模式，准确的农产品需求信息被传递给农业经济合作组织或农业企业，并最终传递给生产者，有效地解决了生鲜农产品的生产与消费之间的脱节问题，从而实现生产、流通及消费的三赢格局。

4.建立生鲜农产品物流配送中心，构建专业化配送体系

由于生鲜农产品的自然属性，经由超市零售的生鲜农产品往往需要初次加工。物流中心是超市集中采购、集中配送的载体，涵盖从采购到销售的多个环节，是超市生鲜农产品规模化、集约化经营的支撑。发展冷链物流，可以改善生鲜农产品的质量安全，降低物流损耗及提升经营绩效。结合具体的品类、采购供应模式，以及成本、效率等因素，可以综合运用配送中心配送、供应商配送等多种配送方式，有效协同超市总

部、物流中心、门店及供应商，实现灵活配送。超市生鲜农产品的专业化配送应形成体系，覆盖订单管理、配送模式及流程、库存管理以及物流管理信息系统等方面。

5.建立生鲜农产品追溯体系，完善质量安全保障措施

建立健全生鲜农产品的标准化体系，是满足消费者偏好、提高超市生鲜农产品市场竞争力的关键。生鲜农产品的质量安全既是消费者考虑的主要因素，也是生鲜农产品超市化经营的关键因素之一。从超市外部环境看，建议由政府制定和推行农产品质量安全标准体系，建立完备的生鲜农产品的生产、收获、加工、包装、运输、贮藏及销售的全程质量控制体系，对"农田到餐桌"的全程供应链加以监管，形成农产品生产、认证、检测的标准化体系，从而为生鲜农产品的超市化经营创造一个良好的外部环境。从超市内部管理看，应立足供应链，建立采供销一条龙的质量管理体系，并能够向上下游实施追溯，这样有利于提高生鲜农产品的质量安全，提高消费者的满意度，从而促进生鲜农产品的规模化、高效率流通，为生鲜农产品的超市化经营奠定基础。

6.建立开放式供应链信息平台，支撑采供销运作管理

超市开展生鲜农产品的经营通常是基于供应链管理模式。生鲜农产品的供应商相比超市而言，具有"多小散弱"的特点，缺乏落实供应链管理的基础。超市作为农业产业化龙头企业的典型，可以充分发挥其终端的优势，建立开放式供应链信息平台，并向上游延伸，从而实现整个供应链管理水平的提升。在应用功能方面，供应链信息平台具有固化业务流程，规范业务活动，支持商流、物流、资金流的各项业务活动的功能，可以为供应链业务节点业务协同提供有力支撑。在信息结构层面，供应链信息平台涉及计划、订单、物流、结算、质量等相关信息，可以采用基于供需的量价时空信息模型，促进供应链各环节的信息共享。在使用主体层面，供应链信息平台对内可连通超市总部、连锁门店、物流中心，对外可连通供应商，从而提升供应链各主体之间的协同。在系统

架构层面，供应链信息平台以超市为核心建立，并与供应商实现互联，在技术实现上，可采用"信息系统+EDI+B/S"模式，通过EDI方式实现超市内部各业务系统以及超市与大型供应商之间的信息互联互通，中小型供应商可以通过B/S访问超市的相关库存、订单、账务等信息。

我国超市开展生鲜农产品经营的时间较短，生鲜农产品流通的现实环境决定超市必然面临诸多挑战，如损耗高、成本高、效率低等，导致超市开展生鲜农产品经营的盈利能力相对较弱。只有综合考虑超市经营的各个方面，同时兼顾超市自身的市场定位和经营策略的差异，才能促进超市生鲜农产品经营业态的升级和经营模式的提升，最终为消费者提供平价、安全的生鲜农产品。

二、超市生鲜农产品O2O模式实施策略

随着生活水平的提高，人们对生鲜农产品的关注点正从价格转变为品种的多样性、质量安全、便利性等。电子商务以其购物的便利、选择面宽的特点，给消费者带来了一种全新的购物体验，正逐步为消费者所接受。鉴于生鲜农产品的经营环境正在发生巨大变化，超市只有顺应互联网浪潮，把握电子商务发展的良机，发挥自身在农产品经营在地理市场的优势，通过O2O线上线下融合经营来巩固和提升市场地位。

（一）超市生鲜农产品O2O经营模式的可行性分析

随着我国经济的发展，消费者的消费能力得到了大幅提升，从而激发了消费者对农产品消费的差异化需求，生鲜农产品市场正从大众化市场向长尾市场转变。伴随着互联网浪潮和电子商务的崛起，消费者购物方式正在发生变化。B2C网站、团购网站、手机APP正为消费者提供日趋丰富的购物途径和消费体验，也为商家的精准营销提供了实现途径。

经过20多年的发展，我国超市开展生鲜农产品经营已经具有一定的基础和优势。在地理市场方面，超市具有门店多且布局合理的优势，有

较广的地域覆盖面。在营销方面，超市凭借良好的购物环境、安全放心的商品品质、齐全的商品品类、一站式购物模式及会员卡客户管理，获得了稳定的客户基础。在运营方面，超市通过引入供应链管理模式，构建了规范化的运营管理体系，涵盖采购、物流、门店运营、财务等各方面的业务活动。同时，超市信息化建设已基本完成。鉴于已有的经营基础，通过电子商务构建 O2O 模式，超市将突破农产品经营的客户地域限制，为自身发展获得一个绝佳的机会。

（二）超市农产品 O2O 经营模式构建

超市向 O2O 经营模式转型，势必要进行顶层设计。通过对 O2O 经营要素进行梳理、重构，依托价值链理论，可以将 O2O 经营模式根据经营过程划分为前台价值交付、中台价值运营、后台价值研发三段结构，提供销售、展示、物流、金融、体验等全方位服务，从而打通线上线下双营销渠道。

（三）超市生鲜农产品 O2O 经营模式实施策略

1.推行生鲜农产品品类管理，提升消费者价值

生鲜农产品的品类管理是指对生鲜农产品进行分类，区分出若干组消费者认为相关且可相互替代的生鲜农产品。超市通过与供应商合作，将品类视为策略性经营单位来经营，通过创造商品中消费者价值来创造更佳的经营绩效。通过品类管理，生鲜农产品市场可以按地域、季节、消费习惯等因素进行细分，以满足不同类型消费者的需求。在基于品类管理的生鲜农产品零售模式中，为实现供应链各环节的协同，应以客户需求为导向，超市与供应商构建战略伙伴关系，依托实时销售数据实现以销定采。通过 O2O 模式的引入，超市可以突破门店场地的限制，扩充经营品类，引入私人定制方案激活消费者潜在需求，从而提升品类管理绩效。

2.建立客户体验导向的营销系统，线上线下绩效融合

O2O应有别于传统电商和传统线下渠道，立足消费者体验，围绕B2C上下游生态链衍生更多客户价值，如通过融合超市门店和电商平台，为客户建立统一身份，开展客户关系管理；借力微信和微博进行营销和推广，对客户需求进行调研与分析，满足现有需求并发掘潜在需求。超市还应处理好线上和线下绩效归属，激发门店员工积极性，促进线上线下相互引流，打通线上线下双营销渠道。

3.建立订单导向的集成化供应链体系，深度耦合采供销

超市通过构建创新的供应链合作模式，挑选并培养高质量的供应商，与之形成互利的长期合作关系，实现供应链信息的共享，进而增强订单满足的灵活性。通过整合订单流程，实现生鲜农产品从采购、销售到库存的紧密整合，整个供应链的利益和风险可以实现共享。采用ABC分类法对库存进行管理，并通过云技术发布库存信息，实现线上与线下的库存共享，采纳CPFR（合作性预测、补货和补给计划）策略进行补货，有效地解决了各个门店面临的品种限制和库存不平衡问题。这种供应链的深度整合，能够帮助超市降低断货风险，减少库存成本，同时提升销售额和资产周转率。

4.改造超市物流中心，提升流通加工及配送能力

生鲜农产品因其天然特性，在超市销售前通常需进行初步加工。在O2O模式中，个性化定制服务得以通过物流中心的加工流程实现。物流中心不仅是超市进行集中采购和配送的平台，还贯穿了从采购到销售的多个环节，为超市生鲜农产品的规模化和集约化运营提供支持。对物流中心进行升级改造，引入专门的生鲜加工设施，能够对生鲜农产品进行深度加工，以更好地满足消费者个性化的需求。发展冷链物流能够提高生鲜农产品的品质与安全性，减少物流过程中的损耗，并提高运营效率。建立全链条的质量安全监控体系，能够实现生鲜农产品的全程追溯，消除安全隐患。综合考虑产品种类、采购供应模式、成本和效率等因素，

采用多样化的配送策略，如配送中心配送、供应商直送等，可以有效地协调超市总部、物流中心、门店及供应商之间的配合，保证灵活高效的配送服务。

5.建立 O2O 信息平台，支撑采供销运作管理

O2O 信息平台由供应链系统、门店系统及电商系统三部分组成。电商系统应为客户提供多种类型的入口，消费者可以同时通过电脑或手机 APP 访问电商平台。订单应能在电商平台、门店及物流中心之间无缝流转。超市通过发挥终端优势，建立开放的供应链信息平台，并为供应商提供访问接口，从而实现供应链管理水平的提升。门店系统应实现与电商系统互联互通，从而实现线上和线下订单的相互引流。

电子商务在我国生鲜农产品流通中发挥着愈来愈重要的作用。在植入了互联网基因后，超市经营模式将进入 O2O 时代。只有对超市各经营要素进行全面梳理、再造，强化超市的市场定位和差异化经营策略，才能促进超市生鲜农产品经营业态向 O2O 模式升级，重塑竞争力，最终为消费者提供品类更齐全、品质更优良的生鲜农产品。

三、超市生鲜农产品库存管理

随着我国经济的发展，人们生活水平得到显著提高，其对生鲜农产品的关注点从价格转变为品种的多样性、质量安全和便利性等，消费需求也日益差异化。超市具有门店多且布局合理的优势，凭借良好的购物环境、安全放心的商品品质、齐全的商品种类、一站式购物模式及会员卡客户管理，获得了消费者信赖。通过构建 O2O 模式，超市实现了向电子商务的延伸，为消费者提供了丰富的购物途径和消费体验。由于生鲜农产品市场具有竞争激烈、流通环节损耗大的特点，经营绩效难以提升。作为生鲜农产品经营的主要掣肘因素的库存管理，也是超市经营的痛点与难点。

（一）超市生鲜农产品库存管理影响因素

超市为了更好地对生鲜农产品库存实施管理，需要搞清楚其影响因素。一般来说，生鲜农产品库存管理影响因素主要包括以下几个方面。

1.经营模式

生鲜农产品经营分为购销和联销两种模式，库存管理方式亦存在不同。购销模式需要超市自主管理库存，联销模式则由供应商负责库存管理。

2.品种

生鲜农产品种类繁多。为了更好地开展市场竞争，超市希望经营更多品种的生鲜农产品。不同品种的生鲜农产品在价格、保鲜期、物流环境等方面差异较大，品种的增加将引起周转与安全库存的增加，其物流过程也将更为复杂。

3.订货提前期

订货提前期对安全库存也有一定影响，订货提前期越长，安全库存越高。

4.市场预测

市场预测是库存量的重要影响因素，准确的预测可以在满足市场需求的前提下降低库存量。市场需求往往随着淡旺季而波动，有时甚至会出现显著差异，这对市场预测提出了较高要求。

5.库存信息有效性

库存信息包括品种、数量、质量、地点、进货日期、批次和批量等。只有掌握了准确的库存信息，才能对库存过剩、库存短缺进行及时处理。

（二）超市生鲜农产品库存管理策略

超市可在充分考虑各项影响因素的前提下适当改进库存，实现既能保障生鲜农产品供应又能有效降低库存水平的目标。

1. 深化品类分析，完善生鲜农产品物流运作

超市可针对不同种类的生鲜农产品实行差别化管理。根据生鲜农产品的特点，可以从 3 个维度对其分类：一是保质期 / 保鲜期；二是淡旺季及其销售量；三是物流环境，如常温、冷链等。

生鲜农产品库存一般设立在物流配送中心和超市门店。物流配送中心是超市集中采购、集中配送的载体，涵盖从采购到销售的多个环节，是超市生鲜农产品规模化、集约化经营的支撑。超市既可以发展冷链物流，也可以改善生鲜农产品的质量安全，降低物流损耗及提升经营绩效。通过规模效应达到盈利的品种，应发挥订货批量优势，需要增加周转库存数量。对于销售量大、廉价、易于腐烂的农产品，应将库存前置到门店。对于高价农产品，如进口水果等，其库存应集中于物流中心，并对门店按需补货。

生鲜农产品在流通过程中的损耗较大，超市应加强在库管理，并通过实施每日盘点，掌握农产品在库的数量及质量情况，为库存管理提供真实、有效的库存数据。在销售出库方面，超市应采用先进先出方式，降低生鲜农产品的变质、短少等引起的在库损耗率，降低库存风险成本。作为生鲜农产品物流末端的超市门店，也应根据新鲜度情况及时对生鲜农产品开展促销活动，减少销售环节的损耗率。

2. 加强库存费用核算，提升库存管理绩效

超市应通过加强库存费用核算，充分掌握各项库存费用，从而有的放矢地提升库存绩效。一个完整的生鲜农产品的库存过程，一般包括采购过程、保管过程及销售过程。根据库存过程的阶段，可以将生鲜农产品的库存费用分为五类。一是订货费用：订货费用与订货次数成正比，与每次订货量的多少无关；二是保管费用：保管费用的大小与被保管物资数量的多少，以及保管时间的长短有关；三是缺货费用：缺货费用与缺货量成正比；四是补货费用：由于缺货，需要紧急订货后再发给消费者，同时要给予消费者相应补偿，从而产生补货费用；五是进货费用与

购买费用：进货费用是指在进货过程中发生的费用及运杂费用之和，与进货的数量成正比，购买费用则用购买单位来表示。

3.调整供应商结构，推动供应商管理库存

为了更好地开展生鲜农产品的经营，超市可以改进供应链库存管理模式。超市可通过缩减供应商数量，加大与优质供应商的合作，培养供应商对其供应链进行管理的能力，提升供应商的补货能力，降低库存水平。在条件成熟时，可推动供应商管理库存模式，使供应链合作伙伴关系得以确立。

通过供应商管理库存，超市可以实现以下收益：一是超市可以与供应商合理分担库存责任；二是通过销售点（POS）数据共享，实现供应链对市场的快速响应，简化销售预测；三是提高整体供应链处理速度，提高供货效率，降低缺货率，使促销工作易于实施，使供应商可以结合自身的供货品种，采用恰当的订货策略，灵活处理订货时点和订货批量，从而减少超市订货偏差和退货。

为了科学地开展供应商管理库存，超市应联合供应商制订细致、周密的实施计划，具体包括以下三点。一是完善合作框架协议。超市与供应商在共享利益、共担风险的前提下，确定契约性条款，包括补充订货点、最低库存水平参数、库存信息传递方式等。二是建立供应商管理库存信息系统。通过 EDI 系统实现供应链信息的实时共享，同时把由超市进行的需求预测与分析功能集成到供应商系统中，这样供应商能够及时掌握需求变化，有效地管理库存。三是建立物流管理系统。供应商若要很好地管理库存，必须建立起完善的物流管理系统，保证市场需求信息和物流畅通。为此，必须确保产品条码的可读性和唯一性，解决产品分类、编码的标准化，以及运输、储存的合理化等问题。

4.建立开放式供应链信息平台，支撑供应链库存管理

超市作为供应链核心企业，可充分发挥其终端优势，建立开放式供应链信息平台，通过信息共享和业务自动化，推动整个供应链管理水平

的提升。供应链信息平台的建设可从以下几个方面考虑。

（1）在使用主体方面。供应链信息平台对内可连通超市总部、连锁门店、物流中心，对外可连通供应商，提升供应链各主体之间的协同。

（2）在应用功能方面。通过信息平台的使用，及时掌握库存信息，实现库存信息和销售信息与供应商共享，对库存管理提供一些必要的支持。供应链信息平台具有固化业务流程，规范业务活动，支持商流、物流、资金流的各项业务活动的功能，因此为供应链业务节点之间的协同提供必要支撑。

（3）在信息结构方面。供应链信息平台涉及计划、订单、物流、结算和质量等相关信息，应细化库存信息，促进供应链各环节的信息共享。同时，供应商应能实时掌握库存状态，如库存地点、数量和质量等，从而实施补货。

（4）在技术实现方面。应建立快速的信息传递机制，能够将 POS 数据、库存信息及时传递给不同的供应链参与企业。通过 EDI 方式实现超市内部各业务系统以及超市与大型供应商之间的信息互联互通，中小型供应商可以通过 B/S 访问超市的相关库存、订单和账务等信息。通过实施 POS 系统，及时掌握销售数据，避免缺货现象，使库存水平合理化。通过仓库管理（WMS）系统，人们可以及时掌握库存状态。应用条形码技术，不仅为超市提供了一套可靠的代码标识体系，还为供应链各节点提供了通用语言，解决了数据录入和数据采集经常出现的"瓶颈"问题，为供应商管理库存的实施提供了技术支持。

第三节　供应链环境下生鲜农产品物流模式创新

一、社区生鲜农产品电商物流模式

（一）生鲜电商行业发展历史

生鲜电商行业从 2005 年开始，目前仍处于不断变革之中。本书挑选 2005 年、2015 年及 2020 年三个时间节点，探讨生鲜电商行业发展历史。

2005 年：生鲜电商行业起点，物流供应链为主攻方向。这个阶段生鲜电商谋求在供应链体系方面突破，确保全程冷链、最快次日达等。多数电商采取线上销售、直营生鲜、自建仓配体系，以保证生鲜品质及运输效率。这一时期入局的商界巨头也大多在物流供应链上具有先发优势，如建立自营物流或供应链模式。

2015 年：从传统电商思维做生鲜转为模式创新。随着外卖到家逐渐发展，生鲜电商也迎来了模式的创新热潮，涌现前置仓、O2O 平台和仓店一体等多种模式，配送品类逐渐丰富，生鲜食品、非生鲜食品及日用杂货品类得以扩张。

1.前置仓模式

前置仓模式在供应链上进行创新，以更小的覆盖范围和更密集的仓储，实现短时间短距离配送。在离用户最近的地方布局集仓储、分拣、配送于一体的仓储点，生鲜由干线冷链运输至自建前置仓，再由配送员配送到家，可以覆盖周边 3 千米的区域，以此达到更快的配送时效，保证更优的产品质量。

2.O2O 平台模式

O2O 平台与线下商超、零售店和便利店等进行合作，为消费者提供生鲜及日用杂货到家服务，实现更丰富的商品即时配送。

3. 仓店一体模式

仓店一体模式将超市 + 餐饮的到店和 APP 电商 + 配送的到家两种模式结合，既兼顾线下引流又兼具 APP 电商的便捷性，到店消费 + 线上购物 + 即时配送提供线上线下一体化消费体验。这种模式也引起许多传统大型商超入局，包括永辉超市和沃尔玛，纷纷凭借本身的线下门店优势，增开线上销售渠道，竞争生鲜电商赛道。

2020 年：多商业模式多资本巨头共存。外在环境催生消费者对线上购物的依赖，生鲜由于高频刚需的特点更容易与用户相连，培养用户使用生鲜电商的习惯，获得有效增长。随着更多互联网大平台加入赛道，竞争不断加剧，生鲜电商的发展逐渐受到资金的限制。

生鲜电商行业发展 19 年，经历传统电商时期、模式创新时期和现在的多模式多资本共存时期，但由于用户端低渗透率和企业端未持续盈利，还远未到最后定局。

（二）生鲜电商行业运行模式

生鲜零售大致可分为线下渠道和线上渠道，各渠道主打不同消费场景。

线下渠道主要包括菜市场、传统超市、大卖场以及社区生鲜店。线下渠道主要采用即时自提的送货方式，主要针对消费者即时性需求。

线上渠道主要包括传统电商、前置仓模式、前店后仓模式以及社区团购模式。传统电商渠道依靠快递送货，时效性较差，主打计划性需求，生鲜品类占比有限，损耗较高。社区团购模式采用团长集单配送，一般为次日达，兼顾计划性和即时性需求，构建新的作业模式和履约体系，履约成本低。前置仓模式依靠骑手送货到家，30～40 分钟即时到达，时效性强，生鲜品类占比大，主打即时性需求，损耗较前店后仓模式高。前店后仓模式依靠骑手送货到家，30～40 分钟即

时到达，时效性强，生鲜品类占比大，主打即时性需求，损耗较低，
生鲜质量好。

二、零售企业生鲜农产品直采模式

零售行业中的生鲜直采通常指终端零售公司与上游农业公司、农业
合作社、农户等生产方达成生鲜品类的直接供应合作。

（一）生鲜直采的特征

生鲜直采具有跨越多个经销环节、上下游合作稳定和生鲜农产品标
准化供应三大特征。

1.跨越多个经销环节

以水果零售为例，传统生鲜零售要经历多层级经销才能将产品送达
消费者，而生鲜直采省去中间环节，农产品可由产地直达消费者。

2.上下游合作稳定

终端零售公司与生鲜生产商以订单化形式构建长期稳定合作关系，
分别负责生产供应和运营销售，采购周期规律、定价机制合理。

3.生鲜农产品标准化供应

零售方在生鲜直采模式下会要求生鲜生产商按照统一的生产和供应
标准输出产品，保证产品优质如一。

（二）生鲜直采的优势

我国的生鲜农产品供应链（图3-3）呈现复杂、分散且交易成本极
高的现象。

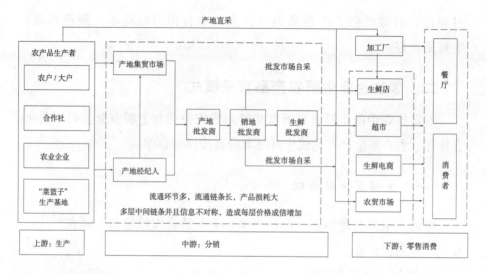

图 3-3　中国的生鲜农产品供应链

1. 生鲜农产品直采有望为零售公司带来成本优势

各类零售企业积极布局生鲜直采，实现成本优势是重要目标之一。

（1）减少加价环节。生鲜农产品直采的跨经销环节特征使得零售企业直接与源头生产方达成合作，规避了中间环节的层层加价，有更大价格空间让利消费者。

（2）增强议价能力。零售方通过与生产方基于大规模订单的长期稳定合作获得较强议价能力，有利于降低市场风险，保障生鲜农产品采购成本稳定。

2. 生鲜农产品直采有利于提升产品品质

除成本优势外，生鲜农产品直采还增强了企业对生鲜农产品品质的把控。

（1）技术优化。通过向农户输出智能化生产技术，优化生产流程、保障产品品质，如使用智能大棚、温控设备等实时监测农作物生长状态等。

（2）精细化生产标准。生鲜农产品实现标准化和数字化，统一蔬菜和水果的表征（水果的甜度、直径、成熟度等），同时满足盒马大数据挖掘的市场需求。

（3）大数据支持。通过大数据分析精准识别消费者偏好和需求，一方面针对消费者的某一类型需求将对应产品做到极致，另一方面将消费者多个类型需求融合创造出满足复合型需求的新品牌和产品。

（三）生鲜农产品直采的壁垒

生鲜农产品直采在采购规模与稳定性、重资产投入以及数字化能力方面也存在较高壁垒。

1.采购规模与稳定性

生鲜农产品供需存在区域性差异与气候性波动，叠加生鲜品类销售具有极强时效性，因此生产方在为单个企业备货过程中承担较大风险，因此零售方大规模的销售体量是应对需求不确定性的有力保障。

2.重资产投入

生鲜农产品直采涉及一系列重资产投入，从农田中的生产设施到与之配套的仓储、物流、加工环节建设，自建供应链需要大量资金长期投入。以永辉超市为例，公司成立以来已投入数十亿资本建设全链条的生鲜供应体系。

3.数字化能力

数字化能力是零售方实现生鲜农产品直采"产—供—销"一体化的关键，帮助零售方精准把控订单数量，实现科学采购和自动补货，通过全链路数字化管控降低信息成本、提升物流管理效率。

第四节　生鲜农产品物流信息系统

一、生鲜农产品物流信息系统需求

生鲜农产品物流系统业务过程涉及供应商、配送中心及客户三个实体，可将业务过程细化为标准作业程序（standard operating procedure, SOP），进而成为生鲜农产品物流信息系统需求，如图3-4所示。系统需求依托云计算和物联网，覆盖生鲜配送、中央厨房、团膳食堂、餐饮酒店等业态，为软硬件解决方案奠定基础。

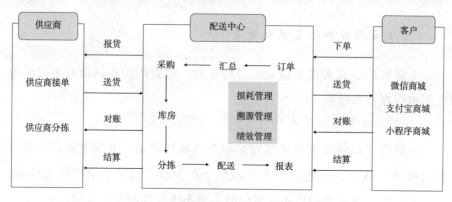

图 3-4　生鲜农产品物流系统业务过程

二、生鲜农产品物流信息系统架构

生鲜农产品物流信息系统架构涉及平台方、供应方及需求方三个实体，覆盖生鲜农产品物流全过程，整个系统构建在云计算平台，采用的是软件即服务（SaaS）模式，支持提供移动办公 APP，能够实现业务财务一体化，并能够通过 OpenAPI 与外部各类信息系统实现互联互通。生鲜农产品物流信息系统架构如图 3-5 所示。

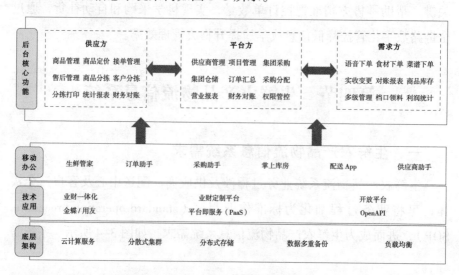

图 3-5　生鲜农产品物流信息系统架构

三、生鲜农产品物流信息系统功能

生鲜农产品物流信息系统涉及订单管理、供应商管理、客户管理、库存管理、配送管理等，其功能框架如图3-6所示。

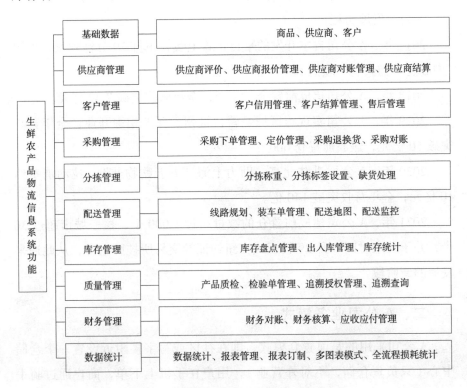

图 3-6 生鲜农产品物流信息系统功能框架

商业实践案例 A 公司物流模式

一、公司简介

A公司创立于2017年5月，是一家专注美好食物的创业公司。A公司专注吃的事业，为满足更多人"想吃什么"而努力。通过美好食材的供应、美好滋味的开发以及美食品牌的孵化，A公司不断为人们提供美好生活的解决方案，致力让更多人吃得新鲜、吃得省心、吃得丰富、吃得健康。A公司定位为前置仓模式高品质生鲜电商，以更美好的舌尖体验，为现代家庭创造美味与幸福感。

A公司发展历程：

2017年，A公司自主开发的平台正式上线，主打29分钟到家，采用"中心仓＋前置仓"模式和7+1品控体系。

2018年，A公司建成前置仓119个，全年营收突破7.42亿元。

2019年，A公司实现跨区域经营，杭州、深圳相继开业，全年营收突破50亿元，建成前置仓600个。

2020年，A公司进驻北京；助力上海"五五购物节"，拉动消费约10亿元；全年营收突破140亿。

2021年，A公司建成前置仓的数量超过1 000个，覆盖城市超过30个，并于北京时间6月29日正式在纽约证券交易所挂牌上市，从此迎来发展的新阶段。

二、A公司业务模式

A公司采用的是前置仓模式，即在社区或写字楼附近设置一个仓储中心（只负责仓储，不对外营业），用户在手机上下单，商户通过骑手在30～60分钟内将商品送达客户。

客户通过A公司APP实现购物，如图3-7所示。

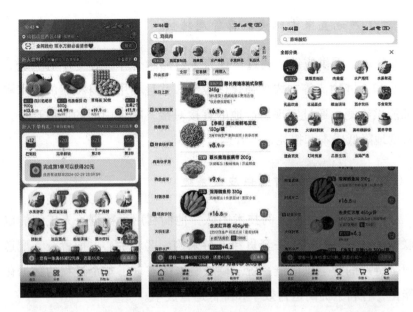

（A）APP 首页　　　（B）APP 购物界面　　　（C）APP 商品分类

图 3-7　A 公司 APP 主要界面

三、A 公司核心能力

A 公司核心能力是供应链与履约效率。用户的忠诚与复购最终依靠的是商品品质和服务体验，背后是供应链和履约效率的核心能力。A 公司的服务标准是三个确定：首先是"品质确定"，仓库的温区设置能保障菜的新鲜和品质；其次是"时间确定"，下单后 1 小时到家；最后是"品类确定"，最小存货单位（SKU）数量丰富，可满足消费者一站式购物需求。

（一）"7+1"品控体系支撑商品品质与供应链履约效率

从产地的新品检查，到中间的运输和分拣，再到最后的配送，A 公司的 7 个环节全部设立了质检品控。在送到消费者手里时，A 公司还设置了"秒退秒换"环节，可让客户确认产品的好坏。这样一来，原来的品控的一个点就变成了一条线。

（二）产地直采占比大、存货周转快

A公司注重供应链，通过产地直采、品牌合作，建立中心大仓、加工中心和冷链物流等方式来强化供应链，并且利用自身积累的技术和经验赋能供给侧。通过实现与产地的直接对接，减少中间的低效环节，最大限度地降低成本和损耗，提升运营效率。

（三）用数据打造智慧供应链系统

A公司有超过700人的技术团队，他们利用大数据、人工智能以及物联网等技术，打造了一套贯穿上游采购、区域中心、前置仓、配送和客户全链路的智慧供应链系统。供应链系统实现了整个过程的数据化和智能化，有利于提高运营效率和降低运营成本。

（四）数字化运营能力驱动业务提升

A公司算法贯穿选址、采购和销售等多个环节，能帮助企业智能预测销量、降低采购成本和提升采销效率。目前，通过前期消费、天气、节假日等数据的积累和机器学习，销量预测整体准确率达到90%以上，热门单品预测准确率达到95%以上，极大地提高了运营效率，减少了流程损耗。

第四章　跨境电子商务物流模式创新与实践

第一节　跨境电子商务物流发展环境与未来趋势

一、跨境电子商务物流发展环境

跨境电子商务物流是现代物流的新焦点，它涉及复杂的国际贸易流程，如国际结算、通关、国际物流和物流保险等。跨境电商加速了全球经济一体化的步伐，导致物流产业呈现全球化和集约化的发展态势。

跨境电子商务物流模式涉及多个国家的物流供应商，导致运营过程变得复杂并且供应链之间的协同效应不佳。尽管跨境电子商务迅速崛起，但相应的物流服务仍然是制约其发展的关键。

目前我国跨境电子商务物流发展存在诸多困难，下面从 5 个方面分析跨境电商物流存在的问题。

（一）国内物流企业较少从事跨境电子商务物流

在我国，大部分的跨境物流配送是由国际快递公司承担的，但由于跨境电子商务的巨大物流需求，仅依赖国际快递公司显然是不足够的，特别是在购物高峰期，快递服务常常面临包裹积压和仓库超负荷的问题，严重阻碍了跨境电子商务的进一步发展。

（二）我国物流基础设施仍然有待完善

我国的物流行业起步较晚，与发达国家相比，在设施和体系建设方面还存在一定的差距。在跨境电子商务领域，涉及的一系列环节，如仓储、配送、运输、报关和核税等，都要求有一个高效、合理的物流体系来支持。要保证运输过程中的损耗最小，使速度更快和成本更低，就必须有先进和完善的物流设施。当前，国际快递面临的问题是运输时间过长、流程烦琐和成本过高，这与跨境电子商务追求的快捷、便利的物流特性相悖，限制业务进一步增长。随着跨境电子商务的迅猛增长，国内的大型物流公司已迅速扩展，建立了覆盖全球的物流网络，为行业带来了新的活力。

（三）缺乏第三方物流提供专业化服务

尽管第三方物流企业数量众多，但绝大部分物流企业集中在国内的物流服务领域，很多都是为国内电商提供支持。在国际快递领域，这些物流企业大多仅提供基础的快递功能，并没有为跨境电子商务打造专门和全面的物流服务解决方案，这种状况暴露了我国物流行业在跨境服务领域的不足。

（四）物流运营成本高

目前，知名跨境电商平台主要选择与国内大型物流快递邮政特快专递服务（EMS）合作，为海外客户提供物流服务。虽然国际快递公司的送货速度较快，但由于费用高昂，海外顾客较少选择此类服务。跨境电商的外贸卖家面临如何迅速将在线订单的货物运送到海外的挑战。小型卖家可以通过网络平台直接发货或使用国际小包服务。大型卖家高度重视客户体验和物流成本，整合物流资源和寻找创新的物流方式显得尤为关键。

（五）专业人才供应不足

跨境电子商务的各个环节比国内电子商务更加复杂，中小外贸企业面临市场、社会、经济等多重风险。我国中小型外贸电子商务企业由于其规模、实力和发展空间的限制，难以吸引高技术和强能力的高级电子商务专才。跨境电子商务物流是一个需要跨学科知识的领域，它需要那些既熟悉跨境电子商务又精通跨境物流的复合型人才。目前，我国很多大学都开设电子商务或者物流等相关专业，但将电子商务与物流整合的学校较少，而将跨境电子商务和国际物流相结合教学的则少之又少，因此我国需要培养这方面的人才。

二、跨境电子商务物流未来的发展趋势

跨境电子商务物流存在的难点、痛点，对跨境电子商务物流管理提出了新要求和新目标，这也是跨境电子商务物流未来的发展趋势。

（一）促进跨境电子商务物流与跨境电子商务的匹配与协调

跨境物流与跨境电子商务既相辅相成，又相互制约，形成一个动态的复合系统。跨境电子商务具有虚拟性，但交易的商品是实物，需要物流来帮助完成交易。要维持跨境贸易的整体有效运行，必须解决跨境物流与跨境电子商务两个系统的相互匹配问题，推动两者的协同发展。跨境物流与跨境电子商务在资源上相互交融与重叠，通过彼此间的协同发展提高信息共享，尤其在供应链整合方面。跨境电商企业和跨境物流企业间应构建有效的电子数据交换（electronic data interchange, EDI）渠道，尤其在货源、仓储、客户反馈、物流线路优化等方面，形成一条信息共享的供应链系统。加强跨境物流与跨境电商的协同与共享，能够缩短运

输的时间，减少运输的成本和退货率，提高客户对跨境物流的满意度。

（二）推动跨境电子商务物流管理模式的创新

要促进跨境电商和跨境物流的协同发展，就需要推动跨境电子商务物流管理模式的创新。伴随着跨境电商的蓬勃发展，跨境电子商务物流作为跨境电商的关键环节，其模式不再拘泥于传统国际邮政包裹或快递，跨境进出口物流方式出现保税仓、海外仓等多种新型物流模式。海外仓模式对于消费者来说，相当于可以在国内购买到自己心仪的进口商品，节省了商品多次跨境通关商检、长途运输的成本和时间，可以大大缩短商品的配送时间，使得商品的退换货服务得以实现，消费者不必经历过多复杂的手续和退换货时间。海外仓模式对于跨境电商企业来说，货物批量运输到海外仓，可以降低商品报关、清关、商检等环节的频率，减少了烦琐的办理手续的时间成本，减少了货物运输过程中出现的不可控风险，使跨境电商企业可以从中获取更多利润。

（三）加强跨境电子商务环境下的通关模式管理

相较于国内物流，跨境物流要面临复杂多变的国际环境，不仅需要了解输入国和输出国相关的需求环境、法律法规、政治因素等，还需要熟悉输入国和输出国相应的知识产权环境、税收政策、文化环境等。跨境物流在横向层面包括关内物流、出境通关、国际物流、目的国清关、目的国物流等，在纵向层面包括货物揽收、仓储、编码、转运、包装、配货和配送等，还会涉及结算、商检、退税、售后以及退换货引起的逆向物流等。不管是进口还是出口，不管是B2C还是B2B，跨境电子商务交易离不开通关业务。与一般贸易的通关业务相比，跨境电子商务交易在通关模式、海关监管方式、作业环节以及关税征缴方面都有所不同。这就要求人们了解和掌握各种跨境电商通关政策及业务，以利于在跨境电商通关物流活动中提高效率，节约时间和有关成本。

（四）加快现代物流技术在跨境电子商务物流管理中的应用

随着科技的发展，新技术、新装备逐渐应用于物流的各个环节，跨境电子商务物流技术也日新月异，如条码技术、无线射频识别技术、自动化立体仓库和自动导引运输车、自动分拣技术、无人配送技术、全球定位系统、北斗卫星导航系统、地理信息系统、物联网技术等，应利用现代物流技术及装备的工作原理和使用方法，结合网络了解最新的现代物流技术及装备的应用领域和发展方向。

（五）加强跨境电子商务物流信息管理

跨境电商物流企业信息化是提升物流管理层次的前提，是发展并适应物流体系跨境的先决条件。信息化建设在跨境电商物流行业得到了广泛的开展，高效的信息技术为跨境电子商务及其客户提供了高效的物流服务以及其他增值服务。跨境电商物流通过应用先进的信息技术和手段，使得运输、装卸、仓储、包装、流通加工、配送及信息处理等活动实现全程的可视化、自动化、无纸化和智能化。跨境电子商务物流在目前发展阶段中亟须解决商品的国际物流信息在各个国家不能互联互通、消费者难以追踪查询商品的实时物流信息的问题。为了更好地实现物流服务，应该构建信息共享平台，帮助跨境物流企业进行信息共享，便于企业和消费者全程追踪商品物流信息，实现准确定位、实时管理。

（六）加强跨境电子商务的运输管理

与传统的国际贸易环境下的物流运输不同，跨境电商环境下的物流运输，对于物流运输服务水平、运输管理的要素、运输组织形式等方面，都提出了更高的要求，尤其表现在国际物流供应链对物流配送需求反应时间的要求更高。传统的单一运输方式已经不能适应快速发展的跨境电商运输货物的需求，需要多式联运来弥补单一运输方式的缺陷与不足。

由于各国交通运输体系的不同，多式联运的发展也受到层层阻隔。因此，各个国家需要通过协商形成统一的物流标准，使本国的物流环节不局限于本国内，实现与世界的互联互通。

（七）加强跨境电子商务物流的供应链管理

跨境电子商务物流流程包括输出国物流、海关报关、国际物流、输入国物流、清关商检等。为了更好适应复杂多变的国际环境，应规范企业为客户所提供服务的标准。跨境电子商务物流未来要想有更好的发展，就必须去中间化，尽量减少物流环节，强化跨境电子商务物流服务供应链各节点的服务能力。

（八）加强跨境电子商务物流的库存管理

库存决策与管理一直是企业降低成本、提高收益的一个重要方面。然而，传统的库存控制策略已不能满足跨境电子商务企业的需求，跨境电子商务库存必须逐渐从传统的库存管理形式向新型管理模式转变，这样才有利于成本的降低和效率的提升。

（九）加强跨境电子商务物流的服务成本管理

跨境电子商务物流服务与传统的国际物流服务有很大区别，它是由跨境电子商务与跨境物流进行资源整合而产生的一种新型物流服务模式，是根据跨境企业或者个人的实际需求，通过跨境电子商务平台在不同国家、不同地域之间能满足跨境电子商务专业化、个性化、国际化服务需求的新型物流服务模式。在经济全球化的进程中，跨境电商物流服务是实现顾客满意度和增强企业核心竞争力的重要手段和途径。跨境电商物流企业要在物流服务成本核算的基础上，制定合理的跨境电商物流服务定价方法。

（十）加强跨境电子商务物流与新零售模式的结合

　　跨境电商新零售是多业态、多产业的融合，通过"外贸＋内贸""进口＋出口""保税＋免税""线上＋线下""零售＋批发""商品＋服务""金融＋支付""自提＋速配"，以消费者为核心，利用大数据、人工智能和物联网等技术，驱动商家将成本、效率和服务内容逐步做到极致，让消费者愿意购买商品属性功能以外的溢价服务内容。

第二节　跨境电子商务物流模式

　　跨境电子商务物流模式主要基于物流的方向进行分类，具体可分为出口跨境电商物流模式和进口跨境电商物流模式两大类型。在出口跨境电子商务物流中，根据商品的性质，它可以进一步分为两个模式：①邮政快递物流模式；②海外仓物流模式。进口跨境电子商务物流则可以被划分为三个模式：①一般进口物流模式；②集货进口物流模式；③保税进口物流模式。下面具体介绍。

一、出口跨境电子商务物流模式

　　在跨境电子商务的出口操作中，卖家采用不同的物流方式满足交易需求。一些卖家选择邮政或快递物流渠道，直接将商品从源地发送给买家，此模式被称为邮政快递物流模式。而另一些卖家则采用一种更预先的策略：先以 B2B 方式通过海运或空运将货物储存到海外的仓库，当买家下订单时，再从这些海外仓库直接寄送商品，这种策略被称作海外仓模式。两种方式均为卖家和买家提供了灵活的交易和配送选项。

（一）邮政快递物流模式

　　目前，众多中小企业正积极参与跨境电子商务的 B2C 出口业务。这些企业主要选择利用知名的跨境电商平台进行产品销售，或者通过自己搭建的电商平台向境外消费者推广和销售商品。当消费者在这些平台上下单购买后，卖家通常会选用邮政快递这类物流手段，将商品直接寄送到消费者手中，以确保交易顺利完成与产品及时配送。

在海关监管方面，通过邮政快递等物流模式寄送跨境电子商务商品出境是按照个人物品出境的，货物出境后无法通过正常渠道退税和结汇。为了促进跨境电子商务的发展和规范，中华人民共和国海关总署于 2014 年 2 月增列了"跨境贸易电子商务（9610）"的监管代码，规范了邮政快递物流的跨境电子商务出口，对邮政快递物流出口的跨境电子商务商品实施"清单核放、汇总申报"模式，报关后可以退税和正常结汇。

邮政途径下的物流模式主要采用"国际小包"进行配送。这类小包标准是重量不超过 2 000 克，并且外部尺寸的长、宽、高的总和不得超过 90 厘米，同时最长的一边长度不超过 60 厘米。国际小包主要有两种类型：普通空邮和挂号空邮。普通空邮费用较为经济，但不提供包裹的在线追踪服务；挂号空邮虽然费用相对较高，但可以提供在线追踪服务。这种邮政途径的物流方式非常适合跨境电子商务 B2C 卖家，特别是那些销售电子产品、饰品、配件、服饰以及工艺品的卖家。目前，众多国际小包服务渠道都为消费者提供选项。其中，中国邮政小包价格更为亲民，但服务在时效及售后查询上较不稳定，且遇到丢件时通常赔偿为三倍运费。

跨境电子商务领域中，许多商品是通过国际知名快递公司进行递送，这种快递模式的明显优势是其速度快、递送时间准确，并且整个运输过程都是透明并可随时查询的。然而，这种高效的服务通常伴随着较高的物流费用。因此，选择快递方式递送的跨境电子商务商品大多是那些货值较高且重量轻的物品，如假发和饰品等，这样既能确保这些高价值商品的及时递送，又能够保证在运输过程中的安全和透明度。

随着跨境电子商务的兴起，专线快递服务崭露头角。这类快递公司的特点在于它们专注于服务一个或者几个目的地国家，主要的责任是将国内集结好的货物迅速、高效地运送至目的地国。一旦货物抵达目的地国，这些专线快递公司会与目的地国的快递系统进行紧密对接，以确保货物的顺利派送，这一整合运作模式的目标是在降低运输成本的同时，保障交货时效。

（二）海外仓物流模式

快递存在价格高或速度慢等缺陷，这成为制约跨境电子商务物流发展的主要问题。为了提升用户体验，跨境电子商务经营企业和物流企业积极寻求解决方案。经过一段时间的探索，业内广泛认可海外仓物流模式，将其作为解决这些问题的有效途径。

海外仓物流模式是在跨境电子商务的进口国内建立仓库，通过利用销售平台的大数据分析预测未来销售量。根据这些预测，商品首先经过国际贸易的海运或空运运送到进口国内的存储仓库，当客户下单时，商品直接从该国内存储仓库发出，迅速送达买家手中。这一模式的核心概念是在目标市场建立本地化库存，以提高交货速度和降低运输成本，从而改善跨境电子商务的物流效率和用户体验。海外仓模式显著缩短了交付时间，改善了客户体验。同时，充分利用传统国际贸易的海运或空运通道，有效降低了跨境电子商务物流成本。

目前，海外仓物流模式分为三种类型：①跨境电子商务平台自建的海外仓；②专业物流公司建设的海外仓；③跨境电子商务卖家自行探索建立的海外仓。这些不同类型的海外仓物流模式为跨境电子商务提供了多样化的选择，可以满足不同企业的需求。

当前，第三方专业物流公司已成为备受关注的海外仓物流提供商。这些第三方物流公司通常与跨境电子商务平台紧密合作，为平台上的商家提供全面的物流仓储解决方案。此外，一些跨境电子商务卖家在积极尝试在目的地市场自行建立海外仓，这些企业在目的地国租赁或购买仓库，注册当地公司，将货物从国内发往这家海外子公司。一旦接到客户订单，它们便可以从上述仓库或房屋进行货物包装、分拣和快递，直接送达客户手中。这一多样化的海外仓物流模式，无论是由第三方物流公司提供还是由电商卖家自行探索，都为跨境电子商务提供了更多选择，可以满足不同企业的需求，促进全球电子商务的发展。

二、进口跨境电子商务物流模式

进口跨境电子商务物流模式通常分为三种：①一般进口传统模式，包括传统邮运、快递，甚至个人随身携带进口等方式，也被称为海淘或代购模式。②由专业物流公司组织的集货进口物流模式，即买家在跨境电子商务网站下订单后，专业物流公司会将货物在海外进行集中处理，然后以普通国际贸易的海运或空运方式将货物进口至国内。③保税进口物流模式，货物首先以普通国际贸易的海运或空运方式运至国内的保税区仓库，然后根据买家的订单内容，从保税区仓库发货至买家。这三种不同的进口跨境电子商务物流模式满足了不同消费者和企业的需求，促进了全球电子商务的多样化发展。

（一）一般进口物流模式

一般进口物流模式，又被称为传统跨境电子商务进口模式，是一种较为传统的方式，它包括多种进口渠道，如邮运、快递、个人随身携带进口等。这一模式通常用于小批量或个人购买跨境商品，经常被归类为海淘或代购模式。

在一般进口物流模式下，消费者直接在跨境电子商务平台上下单购买所需商品，这些商品通常来自国外的在线商家或零售商。一旦下单完成，商品将通过传统的邮政服务、国际快递公司或者个人随身携带等方式从国外运输至消费者所在的国家。这个过程通常包括四个步骤，如图4-1所示。

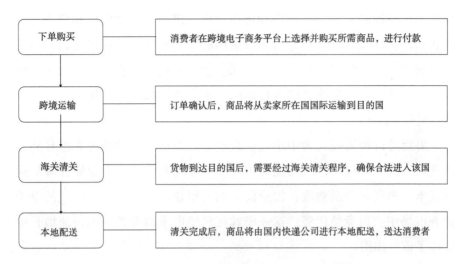

图 4-1　一般进口物流模式

　　虽然一般进口物流模式存在一定的时间延迟和可能的清关问题，但它适用于个人消费者和小规模跨境电商，通常价格较为经济实惠。这一模式为全球购物提供了便捷的途径，使消费者可以轻松购买来自世界各地的商品。然而，对于大规模跨境电商或需要更快速、可追踪的物流服务的企业来说，其他进口物流模式，如专业物流公司的集货进口或保税进口物流模式可能更为合适。

（二）集货进口物流模式

　　集货进口物流模式是一种有效的跨境电子商务进口方式，它解决了许多小规模跨境电商企业面临的物流挑战。在这一模式下，专业物流公司在海外设立了物流中转仓或集货中心，充当商品的临时存储和集中处理站点，这个集货中心的主要作用是将来自不同订单的商品集中在一起，然后进行统一的处理、打包、标记等操作，以降低成本并提高效率。

　　集货进口物流模式有三大优势：①集货和批量运输，多个订单被集中在一起，使得批量运输成为可能，从而节省了运输成本；物流公司通常在运输上有更好的谈判能力，可以获得更有竞争力的运费；集货进口模式还可以提高物流的可控性和可预测性，进而更好地跟踪和管理货物的状态，确保及时交付。②对于目的国的清关流程，也可以更高效地进行协调和管理，减少潜在的清关延误。③交货迅速。相对于一般进口模式，集货进口通常更快，因为订单的处理和运输都经过了优化，减少了等待时间。

集货进口物流模式为中小规模跨境电商提供了一种经济实惠且高效的进口方式，通过合理利用集货中心和物流合作伙伴，企业能够降低运营成本，提高客户满意度，加速商品的上市速度，并在竞争激烈的电子商务市场中获得竞争优势，这一模式在跨境电子商务领域的快速增长中发挥了重要作用。

（三）保税进口物流模式

保税进口物流模式是一种在跨境电子商务中广泛采用的进口方式，其目的是降低进口商品的成本，提高物流效率，并更好地管理关税和税收问题。这一模式的核心思想是将进口商品先运送到国内的保税区仓库，然后根据客户的订单需求，从仓库中发货。这种模式在许多国家和地区都得到了政府的支持和鼓励，促进了跨境电子商务的发展。

进口商品通过普通的海运或空运方式运抵国内的保税区仓库，保税区是一个特殊的区域，通常不需要立即支付进口关税和增值税，这使得进口商品可以在不负担高额税收的情况下进入国内市场。

商品一旦抵达保税区仓库，就需要进行海关清关手续，但此时仍然不需要支付关税和增值税。商品在保税区仓库中存储，等待客户下单购买。

当客户下单后，卖家可以从保税区仓库中选择合适的商品进行包装和发货，这个过程通常非常迅速，因为商品已经在国内，无须经过国际运输。商品从保税区仓库发货至买家手中，通常通过国内的快递或物流公司完成。在这个过程中，商品的运输距离相对较短，可以更快地送达客户。

保税进口物流模式的优势在于它有效地降低了进口商品的税收负担，提高了物流速度，减少了运输成本。这不仅对中小型跨境电商企业有利，也为国内消费者提供了更多的跨境购物选择。同时，政府的支持和监管使得这一模式更加透明和可控，有助于规范跨境电子商务市场的发展。因此，保税进口物流模式在促进国际贸易和电子商务的发展方面发挥着重要作用。

第三节　跨境电子商务进出口平台物流应用分析

一、跨境出口平台物流应用分析

Z公司是一家覆盖全球230余个国家及地区的国际电商平台。该平台通过持续创新的物流服务体系，构建了覆盖全球的智能物流网络，形成了具有行业标杆意义的"三位一体"物流解决方案体系，具体包括直营物流、第三方协作物流和全球化仓储网络三大核心模块。

（一）直营物流体系

1.智能化无忧物流服务体系

平台推出无忧物流服务体系。该体系通过整合跨境物流全链路资源，建立了涵盖前端揽收、干线运输、清关服务、末端配送的全流程数字化解决方案。其创新性主要体现在以下五个维度。

（1）该服务在渠道稳定性与时效性方面表现突出。依托智能分单系统，平台能够实时分析商品特征（品类、重量、尺寸）、目的地国别、运输时效要求等20余个参数维度，并通过机器学习算法自动匹配最优物流路径。

（2）成本优化机制独具优势。通过与全球TOP20物流供应商建立战略合作，平台获得专属运费折扣，重点国家物流成本较市场价大幅降低。

这种规模效应使得中小卖家即使单件发货也能享受集团议价权益，显著降低跨境物流门槛。

（3）操作流程实现数字化转型。卖家通过统一接口平台即可完成运费模板配置、电子面单生成、在线支付等全流程操作。在深圳、义乌等跨境电商集聚区，平台设置智能集货仓并配备自动化分拣设备，提高了日均处理能力。

（4）平台化售后服务保障体系。创新性引入物流责任分离机制，当发生物流纠纷时，智能客服系统自动介入处理。据统计，该机制使卖家因物流问题导致的纠纷率显著下降。

（5）风险共担机制创新。平台设立专项物流保障基金，对因物流原因导致的订单损失，按照商品价值分级实施阶梯赔付。

2. 分层化物流产品矩阵

无忧物流体系细分为以下三个差异化服务层级。

（1）经济型物流方案。重点面向东欧及拉美新兴市场，针对重量在 2 千克以内、货值低于 5 美元的小件商品，采用"干线集运 + 邮政落地"的混合模式。以俄罗斯市场为例，通过与当地邮政建立数据直连，实现包裹到达处理中心后自动触发短信通知，末端配送时效缩短至 3 个工作日内。

（2）标准物流方案。该方案构建了覆盖 254 个国家地区的全球服务网络，特别在欧洲市场创新推出智能自提系统。在法国巴黎地区设置 300+ 智能快递柜，整合公共交通站点资源形成"15 分钟自提圈"，买家平均取件时间较传统配送减少 62%。系统通过机器学习预测各站点的使用频率，实现动态库存调配。

（3）优先物流方案。面向高价值商品和时效敏感型客户，采用"航空直邮 + 本地专车"的极速配送模式。通过与国际快递巨头建立优先通道，实现主要国家 72 小时达。系统配备温控运输、防震包装等专业处理方案，支持奢侈品、精密仪器等特殊商品的跨境运输。

（二）第三方协作物流生态构建

1.线上发货系统创新

平台构建的开放式物流服务平台，已整合全球 50 余家优质物流服务商。该系统通过 API 接口实现与各物流商系统的深度对接，形成具有以下特征的创新模式。

（1）智能比价系统。卖家输入商品参数后，系统实时比对不同物流商的报价、时效、服务评分等数据，并给出综合推荐方案。

（2）全链路可视化追踪。集成各物流商追踪系统，通过统一界面展示多段运输轨迹。创新应用区块链技术，关键节点信息上链存储，确保物流数据的不可篡改性。

（3）动态路由优化。根据实时物流数据（如港口拥堵、航班延误等），系统自动调整运输路径。

2.分类物流解决方案

（1）轻小件经济方案。采用邮政小包与商业清关相结合的创新模式，申报流程简化为"一键通关"，通关时效缩短至 0.5 个工作日。

（2）高价值专线方案。与 DHL、FedEx 合作开发"电商特快专线"，配备专业关务团队处理复杂商品的清关问题，奢侈品通关成功率提升至98%。

（3）特殊商品方案。针对带电产品、化妆品等特殊品类，建立认证商品库与专属物流通道，解决跨境运输合规性问题。

（三）全球化智能仓储网络建设

1.海外仓系统创新

平台在全球布局的 80 余个智能海外仓，应用物联网技术构建新一代仓储系统。

（1）智能预测补货。基于历史销售数据与市场需求预测模型，自动生成补货建议，库存周转率提升 40%。

（2）自动化仓储系统。部署 AGV 机器人、自动分拣线等设备，订单处理效率达 5 000 件 / 小时，错误率低于 0.1%。

（3）本地化服务整合。在西班牙市场，与本地快递企业合作建立"当日达"网络，马德里等重点城市实现早上下单、下午送达。

2. 全流程服务升级

（1）头程运输优化。开发海铁联运、中欧班列等多元化运输方案，单位成本较纯空运降低 60%。

（2）智能退货处理。建立逆向物流系统，支持 15 个国家无理由退货本地处理，退货周期缩短至 72 小时内。

（3）税务合规服务。整合第三方税务服务商，提供 VAT 自动申报、关税预缴等增值服务，解决跨境电商税务痛点。

二、跨境进口平台物流应用分析

我国跨境进口电商最早起源于个人代购，商家把境外消费品以个人物品的形式携带入境。跨境进口电商发展兴起于海淘，消费者不依赖代购商家，直接在境外 B2C 平台下单，通过直邮或中转等方式将商品邮寄到境内。

（一）跨境进口平台相关国家政策支持

跨境进口平台全面蓬勃发展得益于国家政策的支持，具体如下。

2012 年，中华人民共和国海关总署（以下简称"海关总署"）联合中华人民共和国国家发展和改革委员会召开了中国跨境贸易电子商务服务试点工作部署会议，确定上海、杭州、郑州、重庆、宁波为首批试点城市。

2013 年，经过各试点城市的不断探索，尤其是郑州对网购保税模式的大胆尝试，最终确立跨境进口的两种模式，即直邮进口和网购保税。

2014 年，海关总署相继发布政策文件正式承认跨境电商的合法地位，并增列跨境保税进口"1210"监管代码，把网购保税正式纳入海关监管。

（二）跨境进口电商运营模式

2014 年又被称为中国跨境进口电商元年，在政策推动下，一大批进口平台相继涌现。这些平台在跨境进口供应链中的参与度和功能应用得到更大的发挥，具体运营模式如下。

1. 平台代购模式

平台代购模式即 C2C 平台个人代购模式。平台聚合海外代购卖家和国内消费者的供需信息，消费者在平台下单后由海外代购人员将商品按照个人物品通关，通过海外直邮、第三方中转等物流方式入境。

2. 平台海淘模式

平台海淘模式即境外 B2C 平台海淘模式。消费者通过境外 B2C 平台下单，通过第三方中转物流模式将商品运输至境内，再经国内物流最终派送至消费者手中。

3. 平台招商模式

境内跨境进口 B2C 第三方平台通过和海外商家或优质供货商合作，吸引海外商家入驻，打通上游供货渠道，通过海外直邮或海外仓直接发货将境外商品运输入境。

4. 平台自营模式

境内跨境进口 B2C 平台通过自营的方式在海外组建专门的买手团队从厂家直接进货或签约代理品牌货源，在海外集中批量采购至国内保税仓后再进行销售。

第四节 跨境电子商务物流信息系统

一、跨境电子商务物流信息系统基础业务结构

跨境电子商务物流信息系统从层次结构上可以分为战略层、管理层和操作层。上层子系统往往是以下层子系统作为基础和信息来源，而下

层子系统则需要上层子系统给出管理、控制等反馈信息。跨境电子商务物流信息系统的基础业务主要包括以下七个方面。

第一，基础服务业务。该部分包含一般物流信息系统都需要的一些基础性服务和操作，其大部分业务都属于操作层相关功能。

第二，多平台应用业务。在跨境电子商务物流系统中涉及多个国家，需要与报关、外部机构的信息系统进行连接，因此需要有相应的模块或者接口实现多平台融合。

第三，集散货中心应用业务。包括各种国际货物、商品运送模式支持和相关管理业务，如运输调度、运力管理、运输跟踪等。

第四，海外仓、保税仓管理业务。包括入库、在库管理、出库等。

第五，信息使用者业务。在跨境电子商务环境下，物流信息系统的信息使用者主要包括买家和电子商务平台（货主）。对于一般买家而言，物流信息系统应主要提供收货通知、查货跟踪等基本业务。而对于电子商务平台或者货主用户则应提供跨境电子商务系统的介入，以及相关第三方企业信息系统、其他管理应用和终端系统的接入业务。

第六，配送管理业务。包含订单确认、配送计划、配送反馈和配送优化等具体业务功能。

第七，企业管理应用业务。提供相应的管理层部分业务。该部分的管理任务是面向整个跨境电子商务物流信息系统的（对电子商务平台、配送、货物集散运输、多平台应用、各种仓储等业务进行综合管理）。

二、智慧型跨境电子商务物流信息系统

随着物联网、互联网、通信网等技术的发展，尤其是随着大数据、云计算和人工智能技术的广泛应用，传统物流业开始向现代物流业转型，这一转型契合了跨境电子商务环境下对物流信息系统更加复杂和严苛的要求，智慧型跨境物流应运而生。

（一）智慧型跨境电子商务物流业务

智慧型跨境电子商务物流的产生是物流业发展的必然结果，符合现代跨境物流业发展的自动化、网络化、可视化、实时化跟踪和智能监控的发展趋势。智慧跨境电子商务物流是在物联网、大数据、互联网和云计算等的发展背景下，满足物流业自身发展的内在要求而产生的物流智慧化结果。从现代物流的发展角度看，智慧跨境电子商务物流的起源可概括为三个大的阶段：一是物流发展初始阶段；二是物流系统成熟阶段；三是物流智慧化发展阶段。

"智慧物流"在出现之初，相关研究和行业就将智能化、一体化、柔性化和社会化这些特征融入其中，认为这是智慧跨境电子商务物流的基本特征。而这些特征与现代跨境电子商务物流的需求具有高度的一致性。随着科技的进步尤其是信息领域智能化技术的快速发展与成熟，智慧跨境电子商务物流必将更加完善，并成为物流体系中的核心构成部分。

总体而言，智慧跨境电子商务物流及其赖以生存的智慧跨境电子商务物流系统是以"互联网＋"为核心，以物联网、云计算、大数据等为技术支撑，以物流产业自动化基础设施、智能化业务运营、信息系统辅助决策和关键配套资源为基础，通过物流各环节、各企业的信息系统无缝集成，实现物流全过程可自动感知识别、可跟踪溯源、可实时应对、可智能优化决策的物流业务形态。

（二）物联网与跨境电子商务物流信息系统

物流领域尤其是跨境物流领域是物联网技术较重要的应用领域，这是由跨境这一特性决定的。物联网是"物物相连的互联网"，这里的"物"指的是各种物理设备，如嵌入式电子设备、感知器等，它们有一个共同特征，就是能够使物体具有收集和交换数据的能力。当然，这些"物"在完成数据收集后，还需要通过特定的网络和规则（协议）进行数据传输与共享，这些"物"以及"网络和规则"构成了跨境物流信息系统的"触角"和"神经"。

（三）云计算与跨境电子商务物流信息系统

1.云计算

云计算的核心技术包括虚拟化等，在云计算概念出现之前就已经得到了较好的发展，甚至某些技术已经比较成熟。而作为一种新的概念，云计算更多的是一种服务和运作模式上的创新。云计算可以被看作一种按使用付费模式，它构建了一种可配置的计算资源池（包含从底层的硬件设施到上层的平台系统以及更上层的应用、软件和服务），可为用户提供按需索取的资源服务，通过它既可以方便、按需地访问网络，也可以获取硬件和软件的服务。相关的资源可以按需构建并快速交付，而无须烦琐的管理工作或与服务提供商频繁交互。

通俗来理解，这就像一个城市的自来水公司一样，人们可以根据自己的需要取用自来水（云计算则提供技术设施服务、平台服务和其他软件、应用服务），只需要根据消费的水量进行付费即可。当然，云计算提供的服务类型和具体服务内容是非常丰富的，就好像幻想中的超级自来水公司一样，其不仅提供水源，基于水资源上的几乎所有其他服务都可以根据需要进行定制并享用，而无须为此服务付出额外的成本。

云计算主要包括基础设施即服务（infrastructure as a service, IaaS）、平台即服务（platform as a service, PaaS）、软件即服务（software as a service, SaaS）。

2.云计算在跨境物流信息系统中的应用

现代物流行业与物流信息系统的结合日趋紧密，大量的物流信息系统应用于物流行业的各个环节和业务中，然而这些大量的独立软件系统可能相互之间缺乏信息的共享和统一，从而在很大程度上会形成所谓的"物流信息孤岛"现象。跨境电子商务物流信息系统与传统信息系统有一个很大的区别，就是前者具有更强的多系统、多平台融合需求，这在跨境物流信息系统的体系架构中已经说明。融合意味着数据、信息和计算逻辑上的协调和整合，云计算恰好满足了这一需求，因此云计算是跨境物流信息系统的核心支持技术之一。物流云也是跨境物流信息系统发展的重要方向，它也为跨境物流的智慧化提供了平台和设施基础。

"云物流"是云计算与物流信息系统相结合的结果。云物流在运作过程中体现了一些独有的特征。

（1）服务定制化。云计算与物流平台相结合，可以根据物流活动中的具体需求提供有针对性的物流服务，实现物流服务按需提供的定制化特征。

（2）信息的统一化。云计算为跨境物流信息系统引入了虚拟化和标准化方面的技术，在跨境电子商务物流的产业链条中，各种不同的企业、不同的物流系统和物流环节可以基于统一的云物流平台，实现物流过程乃至与之相关的电子商务和客户等方面的信息共享，提升信息的统一化和共享能力。

（3）更强的自我组织能力。尽管跨境物流行业的产业链条越来越复杂，涉及范围越来越广，但这些企业和组织始终有着相同的利益诉求，这就需要不断提升企业内部和企业之间利用资源整合从而提升物流整体服务质量和水平的能力。云计算为物流企业和组织提升这种能力提供了平台和路径。

（4）更好的系统化服务能力。在以客户为中心的现代市场理念中，客户的需求往往都是第一位的。而客户对于物流服务的要求是系统能为他们提供一体化的服务，而不是烦琐的、碎片化的服务。这需要物流体系中的不同物流服务环节借助云计算建设更好的服务系统，整合各种物流服务的特色和优势，实现完整、系统的、一体化的现代物流服务。

（5）更快的物流信息系统发展速度。云计算平台可以将客户的所有物流需求以及物流信息系统发展的各种技术需求进行整合，实现统一的需求和技术服务。通过云平台，各种智能技术、物联网技术和数据挖掘技术等都可以更容易地融入物流信息系统中，而无须物流企业投入过多的人、财、物，这有利于物流信息系统的快速升级和发展。

（四）大数据与跨境电子商务物流信息系统

大数据（big data）是一个抽象的概念，除去数据量庞大，大数据还有一些其他的特征，这些特征决定了大数据与"海量数据"和"非常大的数据"这些概念之间的不同。一般意义上，大数据是指无法在有限时间内用传统 IT 技术和软硬件工具对其进行感知、获取、管理、处理和服务的数据集合。

传统的物流系统不像人们今天看到的那样是计算机和其他机器设备驱动的，变化也不像现在看到的那么频繁。一旦定义了数据仓库，用户就会使用存储库及其数据多年。因此，关系数据库技术在组织和企业应用方面处于主导地位。但是，现在涌现的数据不再遵循事先定义的结构，各种数据以各种结构出现。对于不同的应用来说，在定义的结构中容纳所有的元素既不可能也不谨慎。

大数据不仅需要有相应的支撑存储技术，还需要及时挖掘出隐藏在其中的信息。考虑到大数据的特性，这一工作是非常困难的。大数据与传统数据库系统不同的典型特征包括数量大、种类多、速度快和价值低。各种大数据源于其数据生成源，包括传感器、物流运输设备或电子商务、物流社区网络等。这些来源的数据类型包括视频、图像、文本、音频和数据日常，它们由结构化或非结构化的数据组成。早期历史数据库技术主要研究和处理过去的数据，但是大数据是在时间线上不断大量涌现的数据，并且涌现的速度很快，因此数据生成的速度是大数据研究主要关注点之一。例如，跨境运输过程中，各种货物可能每隔 1 秒或者数秒就有大量感知数据和状态位置数据生成，并由物联网和互联网传递。因此，除了体积，速度也是这种数据的维度。大数据的价值是指新出现原始数据中含有的隐藏信息和知识的量，而大数据之于跨境物流信息系统的价值也在于此。

总体而言，在跨境物流信息系统中，大数据应用的具体技术包含以下几个方面。

1.大数据采集技术

跨境物流系统复杂、数据繁多，数据的采集是大数据挖掘的第一环节，是其后的数据与处理、数据挖掘、管理和可视化的基础。大数据采集技术就是通过不断发展的数据收集方法及技术获取海量有价值的数据，包括普通文本、图片、视频、链接信息等。

2.大数据预处理技术

大数据预处理的存在是采集到的物流原始数据本身的复杂性、多样性造成的。跨境物流行业是一个相对复杂的系统，从这样一个系统中通过各种各样的手段、技术和设备收集的数据格式复杂、类型繁多，这就为后续数据挖掘和应用带来了挑战，因此必须对物流大数据进行预处理，从而使得数据本身更加易用，使得后续大数据处理工作更加高效。除此之外，物流大数据由于人工误差、收集设备故障和网络传输误差等原因还会存在很多错误数据的干扰，这更需要大数据预处理技术的介入。

3.大数据存储及管理技术

面对规模庞大却蕴含价值的数据，物流信息系统必须先完成对大数据的有效管理和存储，以备后续环节的调用和处理。只有数据与适合的存储系统相匹配，制定出管理数据的战略，才能低成本、高可靠、高效益地应对大量数据。对于物流企业而言，应用大数据首先需要解决的问题就是存储中的成本和时间效应问题。

4.大数据分析及挖掘技术

大数据分析和挖掘技术有很多种类，如分类、聚类、关联规则／模式挖掘、预测等，这些技术都是物流信息系统中迫切需要的，如配送中心的建立和选址可以利用聚类的核心思想，商品的配送装配可以基于分类大数据挖掘等。

（五）人工智能与跨境电子商务物流信息系统

人工智能技术为跨境物流信息系统中的数据挖掘和应用提供智能支撑，是跨境物流信息系统智慧化处理、应用过程中较为核心的技术之一。尤其是 2000 年之后，随着深度学习、神经网络等新的 AI 模型和优化方法的提出，AI 技术能够以更高的效率和精确度解决更复杂的问题，因此引领技术进入更多的领域，并在自然语言理解、语言处理和图像识别等应用方面有了长足进步。

当前，针对人工智能和分布式机器学习等领域的研究得到了越来越多的关注，这与跨境电子商务及其物流信息系统中分布式、自动化、多实体（如多运输工具、多国家、多系统等）的发展方向非常一致，从而进一步推动了人工智能在物流信息系统中的应用。

人工智能在跨境物流信息系统的应用已经取得了一系列的成果，也预示着这样的结合必将成为跨境物流未来发展的重要趋势和方向。比如，人工智能与物流运输设备的结合出现了智能交通、智能路径优化导航等应用，与货物操作结合则出现了智能物流机器人以及自动分拣等应用。这些应用大大提升了物流的自动化和智能化水平，提高了物流流程的效率。类似的结合与应用对于地域跨度非常大的境外保税仓等的管理尤为重要。随着智能化技术不断成熟，跨境物流信息系统的智能水平将拉动并实现行业的全面提升。

商业实践案例　B 公司跨境电商物流模式

一、B 公司概况

B 公司致力为中国消费者提供全球进口好物，也是帮助海外品牌直接触达中国消费者、建立品牌认知和消费者洞察的首选平台。

未来，B公司将和海外品牌一起，让中国消费者更便利、更高品质地"买全球"，发现更多全球新趋势。

二、B公司跨境电商物流模式

B公司采用多种物流模式，下面将探讨两种最为典型的物流模式：保税模式和直邮模式。

（一）保税模式

保税模式的核心在于利用保税区域的政策优势，将国际贸易、物流、仓储和分销高度整合，从而降低成本、提高效率，并缩短交货时间。

1.保税模式的操作流程

第一步，保税模式的操作流程始于国外批量采购和仓储。商家根据市场需求，从国外供应商处大量采购商品。这些商品通常会先被储存于国外的仓库中，以便于随时根据订单需求进行调配。在国外仓储的过程中，商品的质量管理和库存控制是至关重要的，这是为了确保后续物流环节的顺利进行。

第二步，通过国际物流将海外仓的商品运输到境内的保税仓。国际物流涵盖海运和空运两大类。海运由于成本较低，适合大宗货物的长距离运输，是跨境电商物流的主要运输方式。相比之下，空运虽成本较高，但速度快，适合时效性要求高的商品。商家可根据商品特性、成本预算和客户需求，选择最合适的运输方式。

第三步，商品进入保税区。保税区内的活动是保税模式中的另一重要环节，商品到达保税区后，需要进行报关手续。保税区提供的一站式报关服务大大简化了传统的进口流程，减少了时间成本。存储是接下来的步骤，商品会在保税区内的仓库进行分类存储。这些仓库通常配备高效的仓储管理系统，确保商品安全、快速地存取。此外，分拣、包装和贴标等活动也在保税区内完成，这些流程的优化和自动化使订单处理更加高效。

第四步，商品通过简化的清关流程快速进入国内市场。这个过程中，商品无须缴纳进口关税，或者缴纳较低的税费即可，大大降低了成本。此外，保税清关的高效性大幅缩短了商品从下单到送达消费者手中的整个周期。

第五步，国内物流配送。经过保税清关的商品，会被分配到国内的物流网络进行配送。国内物流系统的高效和广泛覆盖是保证消费者体验的关键。通过与本地物流服务商的合作，以及利用先进的物流技术，商家能够确保商品安全、快速地送达消费者手中。

保税模式通过将传统跨境贸易流程优化，结合现代物流技术，不仅降低了运营成本，还提高了消费者满意度。它是跨境电子商务发展的重要推动力，对推动全球贸易具有重要意义。

2.保税模式的优势分析

保税模式在时间效率、成本效益以及商品安全与质量控制方面具有显著优势。

（1）保税模式显著提高了时间效率。在传统模式中，商品需要从国外供应商处直接发往国内消费者，这一过程涉及长距离的国际运输、烦琐的海关清关手续以及国内配送等多个环节，时间成本较高。相反，保税模式允许商家提前将大量商品存储于国内的保税区仓库，当消费者下单后，商品可直接从保税区发出，大大缩短了从订单生成到商品送达消费者手中的时间。此外，保税区内的一站式报关服务，简化了传统进口流程，进一步缩短了交货时间。

（2）保税模式大幅提升成本效益。由于商品是以批量形式运往保税区存储，相比零散的国际运输，物流成本显著降低。此外，商品在保税区内的存储和处理过程中，可以享受税收优惠政策。例如，在传统模式中，商品需要缴纳完整的进口关税和增值税，而在保税模式中，这些税费要么被免除，要么大幅减少，从而降低了整体的运营成本。此外，保税模式缩短了从供应商到消费者的物流链，减少了中间环节，降低了物流损耗和管理成本，进一步增强了成本效益。

（3）保税模式具有极佳的商品安全与质量控制。在传统模式中，商品在长途跨国运输过程中，面临的损坏、丢失或延误的风险较高，而保税模式通过将商品提前存储于国内保税区，大大降低了这些风险。保税区内的仓储设施通常配备先进的仓储管理系统，不仅能够确保商品的安全存储，还能有效进行库存管理和质量控制。此外，商品在保税区内进行分拣、包装和贴标等处理，这些流程的专业化和标准化操作进一步保障了商品的安全和质量。

（二）直邮模式

直邮模式为跨境电子商务提供了一种独特的物流解决方案，其核心在于从国外供应商直接向中国消费者邮寄商品。此模式在 B 公司中的应用，显著地提升了国际购物的便捷性和范围。基于电子商务平台的技术支持和国际物流网络的协同，直邮模式有效地将全球范围内的商品连接至中国市场。

1.直邮模式的操作流程

第一步，在消费者通过 B 公司平台下单购买国外商品后，国外的供应商随即启动订单处理流程。这个过程从分拣开始，国外供应商根据订单信息挑选出相应的商品，这一步骤对于保证订单准确性至关重要。接下来是包装环节，包装不仅要保证商品在运输过程中的安全，还要考虑重量和体积，以优化运输成本。随后，为满足海关及物流追踪需求，商品需要进行贴标，包括商品信息、目的地、追踪码等。

第二步，商品通过国际空运发往中国。这一阶段涉及与多家航空公司及其航线的协调，目的是确保商品能够高效、安全地抵达中国的指定机场。到达中国机场后，商品进入海关存储环节。这一阶段，商品在海

数字时代现代物流创新与实践研究

关的监管下进行存储，等待清关程序的完成。清关流程包括快速清关和邮政清关，其中快速清关指的是商品按照预设的流程和标准迅速通过海关审查，邮政清关则是指商品通过邮政系统进行清关处理。这两种清关方式的选择取决于商品的种类、价值以及具体的物流安排。快速清关通常用于价值较高或需快速配送的商品，邮政清关则更适用于标准包裹。

第三步，商品完成清关后，进入国内物流配送阶段。在这个阶段，商品通过国内的物流网络被配送至消费者手中。国内配送的效率和质量对消费者体验有着直接影响。配送方式的选择涉及多种因素，如配送距离、商品特性、配送成本等。高效的物流网络能够确保商品在最短的时间内安全送达消费者，同时减少物流成本。此外，时效是国内物流配送的另一关键指标，特别是对于那些对送达时间有特殊要求的商品。为了提升配送效率，B公司在国内多个地区设有物流节点，以缩短配送时间，提高配送的时效性和可靠性。

总的来说，直邮模式在B公司跨境物流中扮演着重要角色，它通过整合国际和国内的物流资源，为消费者提供了便捷、高效的购物体验，同时为国外供应商提供了直接进入中国市场的渠道。尽管直邮模式在操作流程上存在一定的复杂性，但其在跨境电商领域的应用前景广阔，对全球电子商务格局具有重要影响。

2.直邮模式的特点

直邮模式为消费者提供了更快速、更便捷的购物体验，同时为商家提供了一个高效的国际物流解决方案，其特点体现在时效性、适用性及消费者购物体验三个方面。

（1）时效性。直邮模式较显著的特点之一是时效性。直邮模式在商品运送时间上具有独特的优势，尤其体现在国际运输和国内配送两个关键阶段。在国际运输方面，直邮模式通过空运直接将商品从国外发往中国，这大大缩短了长途运输时间。尽管空运成本相对海运更高，但其快速的特性使得直邮模式在处理紧急或时效性要求高的订单时显得尤为重要。同时，商品抵达中国后，直邮模式利用高效的国内物流网络进行配送，进一步缩短了从清关到最终送达消费者手中的时间。通过对国际空运和国内配送流程的优化，直邮模式能够为消费者提供更快的商品送达服务。

（2）适用性。在适用性方面，直邮模式对于某些类型的商品具有明显优势。特别是对于小件轻便的商品，直邮模式不仅能降低运输成本，还能提高运输效率。这类商品的体积和重量较小，更适合通过空运进行快速运输。此外，对于高价值或者易于损坏的商品，直邮模式也显示出其优越性，因为快速的运输可以减少商品在途中的损坏风险。相反，对于体积庞大或重量较重的商品，直邮模式可能不是最佳选择，因为这些商品的运输成本会显著增加。

（3）消费者购物体验。直邮模式对消费者购物体验的影响不容忽视。在电子商务的背景下，消费者越来越注重购物的便捷性和效率。直邮模式通过加快商品的运输速度，显著提升了消费者的购物满意度。而且，直邮模式通常提供更为详细的商品跟踪信息，消费者可以实时了解商品的运输状态和预计到达时间，这种透明度的提升使消费者在整个购物过程中感到更加安心。然而，直邮模式在提高运输速度的同时，可能面临运输成本较高的问题，这一点可能会影响到消费者的购买决策。因此，B公司在实施直邮模式时，需要在提升服务效率和控制运输成本之间找到平衡点。

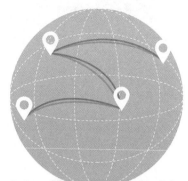

第三篇　物流业态发展与物流服务的创新与实践

　　近年来，我国物流资源整合正进一步提质增速，物流要素与服务资源整合步伐加快，市场集中度提升，中国物流企业 50 强 2020 年业务收入较 2015 年增长超过 30%。同时，我国物流业仍面临大但不强的挑战，物流产业规模大但规模经济效益释放不足，特别是公路货运市场同质化竞争、不正当竞争现象较为普遍，集约化程度有待提升。现代物流体系组织化、集约化、网络化、社会化程度不高，与世界物流强国相比仍存在差距。

　　物流企业以客户需求为导向，创新物流服务，既帮助客户企业实现了降本提质增效，又实现了物流业态高质量发展的跃迁。在物流业态发展过程中，数字技术为物流服务创新奠定了基础。依托这些技术，物流企业创新性地推出了数字货仓、安全管家、冷链管家等物流服务产品，以更好地满足客户需求。物流服务的运作依赖于各类信息系统，具体包括全渠道订单管理系统（OMS）、智能仓储管理系统（WMS）、运输管理系统（TMS）和结算管理系统（BMS），这些系统无缝集成后，极大地提升了物流信息管理的质量和效率。

　　快递物流、冷链物流、农村物流、即时配送等发展步伐加快，有力支撑和引领了消费结构升级。物流业态发展对物流服务提出新要求，为物流服务创新指明了方向。本篇从众多物流服务中选取网络货运服务和仓配一体化服务两个热点领域，分析物流业态发展趋势，从应用视角分析网络货运信息平台和仓配一体化信息系统，讨论物流服务创新背后的数字技术。

　　数字技术与商业环境同频共振，共同推动物流业态的创新。

　　本篇的商业实践案例分析是 C 公司网络货运服务和 D 公司仓配一体服务。

第五章　网络货运服务创新与实践

第一节　网络货运发展历程及趋势

一、传统公路货运组织模式的局限性及网络货运的提出

（一）传统公路货运组织模式的局限性

传统公路货运组织模式往往通过信息部、停车场、货运站或物流园区进行货运交易，存在巨大的局限性，具体如下：

（1）车货匹配效率不高，造成货车空驶率高；

（2）货主获得高质量服务的成本上升；

（3）运输组织时间长，效率低；

（4）经过层层转包后，司机端获得的收益减少；

（5）政府难以对公路货运行业进行有效监管。

（二）网络平台道路货物运输经营管理

我国经济进入数字时代，网络货运作为物流行业数字化转型的代表，运用互联网技术和共享经济的理念，在大数据、云计算、人工智能等技

术的驱动下，通过智能定价、就近派车、路径优化等手段，提高物流行业效率，减少车辆空驶率，产生了良好的经济效益和社会效益。网络货运平台利用互联网手段和组织模式创新，有效地带动了物流市场的资源集约整合，对于促进物流行业的转型升级和提质增效具有重要作用。

二、国内网络货运发展情况

（一）网络货运平台相关政策支持

近年来，我国从无车承运人到现在的网络货运平台发展势头迅猛，很大一部分原因是政府推出了一系列支持无车承运人和网络货运平台发展的政策。表5-1列举了近些年的相关政策。

表5-1　推动我国网络货运平台发展的相关政策

发布时间	颁布机构	名称
2016 年	国务院	《关于转发国家发展改革委物流业降本增效专项行动方案（2016—2018 年）的通知》
2017 年	交通运输部、财政部、铁路局等	《关于鼓励支持运输企业创新发展的指导意见》
2017 年	国务院	《"十三五"现代综合交通运输体系发展规划》
2017 年	交通运输部	《推进智慧交通发展行动计划（2017—2020 年）》
2017 年	交通运输部	《关于做好无车承运试点运行监测工作的通知》
2017 年	交通运输部、国家发改委等	《促进道路货运行业健康稳定发展行动计划（2017—2020 年）》
2017 年	交通运输部	《关于进一步做好无车承运人试点工作的通知》
2017 年	交通运输部	《关于公布无车承运人试点考核合格企业名单的通知》
2018 年	财政部、税务总局	《关于调整增值税税率的通知》

续　表

发布时间	颁布机构	名称
2018 年	交通运输部	《关于深入推进无车承运人试点工作的通知》
2018 年	交通运输部	《关于无车承运人试点综合监测评估情况的通报》
2019 年	财政部、税务总局、海关总署	《关于深化增值税改革有关政策的公告》
2019 年	交通运输部、税务总局	《网络平台道路货物运输经营管理暂行办法》
2019 年	交通运输部	《网络平台道路货物运输经营服务指南》
2019 年	税务总局	《关于开展网络平台道路货物运输企业代开增值税专用发票试点工作的通知》
2020 年	交通运输部	《关于进一步做好网络平台道路货物运输信息化监测工作的通知》
2021 年	交通运输部	《交通运输部关于服务构建新发展格局的指导意见》

（二）网络货运平台发展历程

我国网络货运平台从最初的车货匹配和无车承运人模式开始，经过不断的创新和完善，其运营模式已逐渐走向成熟。网络货运平台的发展历程如图 5-1 所示。

图 5-1　网络货运平台的发展历程

1. 车货匹配平台阶段

（1）车货匹配平台的概念。在车货匹配平台出现前，货物运输交易主要依赖线下沟通。由于受限于时间和地域，经常出现货主难寻合适货车和货车难找货物的情况，导致货车实载率较低，进而拉高运输成本并导致资源浪费。为了解决车货信息不对称和匹配难题，车货匹配平台随之产生。

车货匹配平台基于互联网，旨在实现运输业务的去中介化，并通过网络技术提高信息查询和匹配的效率，从而解决因信息不对称导致的问题。其核心是连接货主和承运方，确保双方找到并匹配合适的货运订单。这些平台的本质是一个信息交易场所，其盈利途径包括收费会员、集中采购、竞价调配、公开货运交易及销售增值服务等。

（2）车货匹配平台的功能。

①车货信息匹配功能：为货主提供满足自身需求的车源、各类车辆的详细内容和为车主提供货源信息、货源类型和线路等详细信息，同时帮助货主实时掌握车辆位置和联系方式，帮助车主在返程中获取周边货源信息。

②在线支付功能：基于"互联网+"背景，平台可以利用网银、支付宝、银行的担保支付交易平台来支付信息费、运输费和货款等，不仅方便了客户线上支付，也降低了平台上货源方的支付风险和车主的承运风险。

③安全监管功能：通过北斗系统和射频识别（RFID）技术等，实时监控车辆运输并获取货物的途中信息。

④交易评价功能：许多平台为车货双方提供了信用互评功能，通过记录交易评价，确保交易服务的透明度和公开性，为其他用户提供决策参考。

⑤拓展服务功能：为满足用户需求，平台提供了天气、路况和新闻资讯等的推送功能，为物流公司提供车辆定位、调度和管理服务，同时为货车司机提供住宿、加油和维修等附加服务。

2.无车承运人阶段

（1）无车承运人的概念。车货匹配平台主要负责信息匹配，但在运输过程中并不承担风险和责任。为确保物流市场的健康发展，2016年，交通运输部发布了相关政策，明确了无车承运人的运输责任。这些平台必须获得无车承运人资质才能运营，且其要具备一定的风险赔偿能力。

无车承运人与托运人签署运输合同，承担承运责任，但实际的运输工作由其他承运人完成。在这种模式中，无车承运人拥有双重角色：①对原始托运人，他们是承运人；②对实际承运人，他们是托运人。无车承运人不直接参与物流，而是负责运输组织、货物分拨和选择运输方式，利润主要来源于大规模运输所产生的运费差价。

（2）无车承运人的特点。

①整合社会零散资源，有利于集约化发展。我国的道路运输行业长期存在"多小散弱"的问题，导致运营效率不佳。利用互联网，无车承运人整合了车辆、货源和站场等资源，成功地处理了零散运力的协同问题，并强化了货运的组织，从而优化了货运市场的发展模式。

②降低车辆空载率。通过利用互联网技术，无车承运人创建了一个集约化平台，快速并精确地匹配车与货，大幅减少货车的空载和货物等待时间，达到了降低成本和提高效率的目标。

③运用先进信息技术，提升风险抵抗能力。无车承运人采用先进技术优化其平台，使其对市场变化具有快速的响应能力。

④以轻资产模式运营，有助于提升竞争力。无车承运人不需拥有运输车辆，采取轻资产模式运营。这种方式不仅能节省成本并易于扩大企业规模，而且可以将资金投入获取更多的信息资源上。这种策略扩大了其业务和服务覆盖范围，从而强化了企业在市场中的核心竞争地位。

3. 网络货运平台阶段

（1）网络货运平台的发展历程。2019年，交通运输部与国家税务总局共同推出了《网络平台道路货物运输经营管理暂行办法》，标志着网络货运平台的正式诞生。这是无车承运人模式的进一步升级，从原先的第三方定位转变为更注重平台化。该办法对平台的经营范围、税务和规范有了更明确的细化规定，并对其数字化运营设定了更高标准。网络货运平台借助其资源整合优势、广泛的品牌影响力和显著的网络效应，采用互联网技术和创新的组织模式，推动货运市场资源的高效整合和行业的规范化发展。这对物流货运行业的升级和效率提升具有关键作用。随着规模化、人工智能和大数据技术在行业中的广泛应用，控制货源和运力的大型平台将变得更具竞争力，能够满足多样化的供应链物流需求和适应多种运输模式。

（2）网络货运平台的整体发展情况。网络货运是物流行业数字化转型的标志，受到资本市场的关注，并且近些年平台迅速增长，展现出巨大的市场潜力。然而，现在使用这些平台的货主和运力依然较少，平台的服务水平也各不相同，这表明我国的网络货运业仍处在起步阶段。

自《网络平台道路货物运输经营管理暂行办法》实施以来，截至 2023 年 9 月底，全国共有 2 937 家网络货运企业（含分公司），整合社会零散运力 728.8 万辆，整合驾驶员 602.6 万人。

三、网络货运平台的未来发展趋势

（一）技术驱动的智能化

随着 5G 通信、物联网以及人工智能的飞速进步，网络货运平台正在经历前所未有的技术革命。这些先进技术为货运行业提供了无尽的可能，推动平台走向更高级别的智能化管理。例如，自动驾驶货车将彻底改变货运的模式，大大降低人力成本和提高运输效率；智能调度系统可以实时分析交通和货物信息，为司机提供最优路线选择，避免交通堵塞；实时货物追踪技术帮助货主随时了解货物状态，大大提高了服务透明度和客户信任度。这些创新技术无疑为道路货运行业开启了一个全新的时代。

（二）更加完善的服务生态

未来的网络货运平台将不再局限于简单的车货匹配功能，而是将演变为一个更为复杂和全面的物流生态系统,这一生态系统将提供一整套一体化服务,包括货物仓储、运输、配送以及售后支持等方面,这意味着平台不仅会连接货主和运输公司,还会涵盖整个物流供应链的各个环节。

运输将继续是平台的核心功能,但不再局限于路线和运力匹配,未来的平台将利用先进的技术,如物联网和人工智能,来提高运输的效率和可视性,货主将能够实时跟踪货物的位置和状态,以确保货物按时送达;配送服务也将得到加强,平台将与各种"最后一公里"交付服务提供商合作,以确保货物能够安全、快速地送达最终目的地。

(三)绿色可持续发展

随着环保意识的不断提高,低碳和环保的物流方式将成为未来的主要关注点。同时,优化的路线规划将成为标配,通过智能算法和实时数据分析,确保货物以最短的行驶距离和最少的能源消耗进行运输。电动货车、智能算法等不仅有助于减少对环境的负面影响,还将推动整个行业向更加环保和可持续的方向发展。

(四)规模化与专业化并重

大型综合网络货运平台将继续壮大,同时专注特定领域或满足特定需求的专业平台将不断兴起,这个趋势将满足不同用户群体的需求,为他们提供更加个性化和定制化的服务。

大型综合网络货运平台将继续扩大其服务范围,提供更多的物流解决方案,包括货物仓储、运输、配送、售后等一体化服务。综合平台的规模和资源将使它们能够满足各种不同行业和客户的需求,为广大用户提供全面的物流支持。同时,专业平台将崭露头角,更加专注特定领域,如冷链物流、医疗器械运输、危险品物流等,以满足行业的特殊需求。专业平台将投入更多精力和专业知识,以确保在特定领域提供高效、安全和可靠的服务。

多样化的网络货运平台将为用户提供更多选择，无论是需要全面服务的大型企业，还是对特定领域有特殊需求的客户，都能够找到适合自己的货运平台。这将推动整个物流行业不断发展，以满足不断变化的市场需求。

（五）安全与信任的构建

随着业务的扩展，确保货物和数据的安全性将成为网络货运平台发展的要素。在一个日益数字化的物流环境中，保护货物和敏感数据免受潜在威胁和风险至关重要。为此，平台必须采取一系列安全措施，强化物理安全，确保运输环境的安全性，采用加密技术和多层次的访问控制，以防止数据泄露和未经授权的访问。

（六）行业标准与政策环境的不断完善

为保障网络货运行业的健康和稳定发展，相关政府部门将继续积极出台一系列标准和政策，以促进平台的规范和有序发展。这些政策旨在维护市场秩序，确保公平竞争环境，并提高服务质量，同时保护消费者和企业的权益。政府将加强监管和执法，确保网络货运平台遵守相关法规和标准。

第二节　网络货运平台对货运相关方的价值分析

网络货运平台借助科技和数字化手段，为货主和司机提供了高效的服务。平台能够合理设定运费，并为货主提供线上发布订单的功能，同时实时追踪车辆位置及货物状态。平台的派单功能节省了司机与货主的沟通时间和成本，显著减少了空驶率。平台聚焦于用户的实际需求，从货车调度、在途运输、收货确认到费用结算及单据管理，实现了物流全流程的闭环。

一、网络货运平台对政府的价值

（一）有助于创新运营监管模式

我国道路货运市场主要由个体运输业户组成，占比超过90%，导致市场经营行为分散、不规范，加大了安全监管的难度，且存在众多违规行为，如超限超载和不诚信经营。网络货运平台是上述问题最佳解决方案。网络货运平台不仅整合了中小微运输业户的业务，还通过各种措施，如资格审查、派单审核、支付管理、统一服务标准和在线诚信考核，强化了对平台上中小微运输业户的监管，确保了运输的安全和服务质量。

随着网络货运管理办法的实施，全国的网络货运平台将聚集大量真实的业务数据，利用这些数据资源，并结合大数据分析技术进行深入挖掘，政府可以更准确地洞察行业的运行状况，同时制定更为合适和有针对性的支持政策，进而推动整个行业的健康和持续发展。这些数据也为政府提供了更有效的监管手段，可确保行业内各个环节的合规性与稳定性。

（二）有助于优化行业运输组织结构

我国的运力资源当前呈现出较大的分散状态。为了更高效地管理这些资源，可将网络货运平台发展为大规模的货运组织中心。网络货运平台可以将大量分散的个体运输户，通过合同约束和诚信考核等机制，进行有效整合。这不仅能集中管理和组织这些散布的运输资源，还可以提升运输的效率和服务质量。同时，通过这种方式，各方可以共享和交换信息资源，增强其交互性和增值性，为我国的道路运输领域实现供给侧结构性改革创造条件。

（三）有助于加速货运标准化建设

在业务功能上，网络货运平台提供了各种车源和货源信息，其中涵盖了车型、货物类别及线路的细节，并允许用户查看附近的货源，同时获取车辆信息。在支付功能上，网络货运平台支持网银、支付宝等多种支付方式，以处理信息费、运费和货款等支付，为客户提供线上支付的便利性，同时降低平台上货主和司机的支付风险。在货物运输管理上，网络货运平台上的货物在途情况可以通过北斗系统被货主实时追踪；同时，车源方可登录定位系统，随时查看车辆的位置和运行情况。在交易评价部分，多数交易界面都为货主和运力企业设置了信用互评功能。这种评价记录有助于使司机的服务更为透明和公开，并为平台在后续订单决策中提供有价值的参考。

在信息传递的标准化过程中，网络货运平台首先采用互联网技术和大数据进行信息的采集、分类和组织，从而使得平台在承运货物后能够迅速地匹配到合适的运力资源，并进一步提升匹配效率。然后，平台对货物的车型、车重和车长等基本信息进行规范化，确保装卸环节流程化。接着，平台会根据不同地区和时间段，预测货物的去返配货可能性，并基于实时的供需状况制定透明化的价格策略，达到运输价格的标准化。最后，为确保交易流程的规范和便捷，平台实现了支付和结款方式的标准化及智能化，确保货主和运力用户能够便利地完成支付，并全程监控交易流程，确保其透明度。

（四）有助于货运信用体系建设

平台经济的快速发展正推动我国物流行业步入数字经济时代。网络货运业态的出现使物流组织链条缩短，以平台交易数据为核心的多层次信用体系得以逐步建立，可以满足企业对建立信用档案、共享信用数据、创新信用服务的需求。

通过提升网络货运平台的数字化能力，将平台升级成为数字化枢纽，把信息流、商流、物流、资金流以及票据流数字化，数字化后的业务数据经过统计、分析、验证就能转变为有价值的资产，网络货运平台将成为整个物流产业链的枢纽，被赋予新的生命力。

平台通过对交易参与者的信用评价，逐渐形成会员的信用档案。对于那些存在严重违法或失信行为的主体，平台会实施信用制裁；而对于服务优质、信用良好的承运主体，则提供服务优惠和表彰，以鼓励他们自律、规范经营和诚信服务。随着物流行业信用体系的完善，这种标准将进一步扩展至产业链的上游，包括货主企业、第三方物流公司等，目标是建立一个针对物流产业链所有参与者的全面信用评价体系。这样可以整合整个市场的信用信息，消除物流行业中的不规范现象，并创建一个诚信、有序的市场环境。

网络货运平台加强了审核机制，利用大数据技术，构建了"司机信用模型"和"货主信用模型"，提高了行业运作效率。全程数字化的运单管理是其核心工作，旨在打造覆盖供应链的"信用堡垒"，为客户提供卓越服务。

（五）有助于货运绿色发展

货运行业在迅速发展的同时，带来了一系列资源和环境问题，如不当的运输计划可能导致道路拥挤，增加能源消耗并释放有害气体。此外，货物的不恰当储存可能会导致其损坏，从而浪费资源，还可能对其所在环境造成污染。

网络货运平台通过互联网技术整合国内的车辆和货物资源，实现交通资源的高效分配，显著降低空车率，进而减少二氧化碳排放。平台突破了地域界限，创建了全国性的货物和运力资源库，提高了物流效率，推动了供应链效率提升，降低了成本，从而实现了节能和减少排放。

二、网络货运平台对司机的价值

（一）有助于提高司机业务收入

《2022 年交通运输行业发展统计公报》显示，2022 年底，我国公路营运汽车总数为 1 222.08 万辆，其中载货汽车为 1 166.66 万辆，细分为普通货车 387.69 万辆，专用货车 63.43 万辆，牵引车 354.18 万辆和挂车 361.36 万辆。

根据中国物流与采购联合会发布的《2022 年货车司机从业状况调查报告》，一半以上（50.15%）货车司机表示没有稳定的货源；36.02% 的货车司机有单边稳定货源；仅有 11.36% 的货车司机有双边稳定货源。我国的货车司机中，月均纯收入集中在 5 000 ～ 8 000 元，占比为 28.13%；纯收入为 8 000 ～ 10 000 元的占比为 23.05%，两者合计约为 51.18%。月均纯收入在 10 000 元以上的货车司机占比为 21.42%。月均纯收入在 5 000 元以下的占比为 27.4%，接近三成。货车司机中，有 63.82% 对现有收入不满。而在寻找货源方面，76.01% 的货车司机使用过货运互联网平台，市场普及率较高。

长途公路货运的远距离行驶、高额的通行和燃油费用，以及长时间的配货等待，导致其运营成本上升，进一步压缩了货车司机的收入。通过网络货运平台，货主可以迅速在平台上发布货物需求，而平台通过互联网技术进行车货信息整合和优化匹配，为货主匹配经验丰富、价格合理的司机进行货物运输。这种模式使货车司机的平均等货时间从原来的 2 ～ 3 天减少到仅几小时，提升了近 90% 的效率。因此，司机可以在相同的时间内增加运输次数，有效提高收入。

（二）有助于保障司机经营活动

在传统货运模式中，司机常担心在完成货物运输后，货主会拖欠运费。网络货运平台有效地解决了这一难题。当司机通过平台接单并完成货物运输后，平台会及时支付相应的运费，确保司机的权益。为了进一步满足司机的多样化需求，增强其对平台的忠诚度，并支持核心的车货匹配业务，网络货运平台还为司机提供订单运费的垫付服务，帮助他们更好地满足前期的资金需求。

在网络货运平台上，随着司机完成的货运任务和得到的评价，他们的信用分数会逐渐累积。这不仅优化了运输环境，还规范了货主和司机行为，使市场更加透明和合规。

三、网络货运平台对货主的价值

（一）有助于货主降低运营成本

网络货运平台是一种新业态，平台以承运人的角色出现，提供合理的价格从货主手中揽收货物、承接运输业务。该平台打破传统的地域、关系网等限制，将运输车队、个体运输户集聚于平台公平竞争，大数据的采集、算法的优化保障了交易处理的高效率，可以以最低成本为平台精准匹配运力。拥有较强专业服务水平的优质网络货运平台，由于拥有丰富的运力资源，能够有效降低运营成本。货主将物流业务交付给网络货运平台进行规范化的管理，也可以减少运输成本。

（二）有助于保障交易过程

网络货运平台为货主解决了物流信息不均衡问题，并简化了交易过程。平台严格审核注册的车主，只允许资质齐全、实名认证的车辆参与，有效确保交易环境的纯净。

（三）有助于保障货运安全

网络货运平台采用先进的监控系统来确保货物运输的安全性。当平台接收货物订单时，首选配备有主动安全系统的货车。利用图像识别和数据分析技术，平台可以全程监控货物的运输状态。司机是否瞌睡或打电话等行为都会被分析并在必要时提醒。

四、网络货运平台对平台运营者的价值

（一）有助于平台运营者构建运力资源池

网络货运平台通过整合货主和运力，利用云计算、大数据等技术实现"五流合一"，解决了传统交易的信息问题。它采用双向交互方式简化交易，降低客户成本，提高市场反应速度和竞争力。

网络货运平台通过整合运单、资金流水、司机和车辆信息等多元数据，构建了强大的基础数据库。与交通运输和税务部门的数据接口相连，平台能够高效地管理注册用户信息、进行供应商和司机审核、在线结算运费并实现全流程的透明化管理。借助人脸识别等技术，平台提供车辆实时定位、运输轨迹追踪、车况在线查看等功能，加强了上下游物流交易的协同作用。这不仅加快了物流数据传输与信息交流，而且确保了服务效率并降低了成本。

平台运营企业已融合线下的货运组织与线上数据能力，形成复合型经营模式。这使企业能够优化运力结构并提高资源的运营效率，通过推进物流业务的线上化、简化交易过程和环节，企业不仅实现了业务流程的扁平化和去中介化，还为自己创造了新的盈利途径。

（二）有助于平台运营者数字化转型升级

受移动互联网等技术影响，物流企业面临转型压力。物流规模增速放缓，传统经营模式不再适应高效市场需求。为了适应变化，物流企业趋向平台化，需要构建新的产业链和利益分配。同时，物流资源逐渐向轻资产方向转型，资本投入更注重技术。为应对责任增加、资产减少的

挑战，物流企业必须增强透明度、加强协作，而网络货运平台成为实现这一目标的关键工具。

物流企业可通过网络货运平台的数据，如运单、资金流、驾驶员与车辆资料、税务及路线信息，构建数字基础。网络货运平台不仅为物流企业提供静态的数字存储功能，还支持动态的数据分析和决策。随着数据的持续升级和应用，这些信息逐渐转化为有价值的数据资产。这有助于整合各企业的运营信息，创建完整的供应链数据库，从而加强企业间的合作，提高整个行业的运作效率。

（三）有助于平台运营者增加客户黏性

网络货运平台上记录的业务流水是真实并可验证的，当货主或运力企业需要向银行申请贷款时，平台能够利用其丰富的大数据为这些企业提供真实的业务证明。这种数据证明有助于企业在银行建立信用。平台还可以基于这些真实的业务数据为企业提供贷款担保，增强其融资的可信度和成功率。这些增值服务将显著增加客户黏性。

第三节　网络货运平台类型

2016 年 8 月，交通运输部在全国启动了无车承运人试点工作。交通运输部、国家税务总局在系统总结无车承运人试点工作的基础上，制定了《网络平台道路货物运输经营管理暂行办法》，自 2020 年 1 月 1 日起正式实施，自此网络货运平台行业发展正式启程。随着网络货运的蓬勃发展，已有 700 余家企业取得了网络货运经营资质，网络货运平台在增长迅速的同时，获得了资本市场的青睐。2020 年，我国网络货运平台业融资总额超过 253.7 亿元。在获得资本市场的融资支持后，网络货运平台将会获得更大的发展。截至 2023 年 9 月底，全国共有 2 937 家网络货运平台企业获得经营许可证。

随着网络货运平台的不断发展与壮大，网络货运平台的类型越来越多，可分为软件背景型、工矿业背景型、快递背景型和新兴型四种类型，下面具体介绍。

一、软件背景型网络货运平台

（一）软件背景型网络货运平台概况

软件背景型网络货运平台是指由以软件公司背景为前身的企业所转型并运营的网络货运平台。这类公司通过之前在软件行业的经验与积累，能自建一个较为完善的网络货运平台，在日常运营与维护方面都具有强大的成本管控能力，在运营的过程中给货主和车主提供较为优秀的使用体验。

进入 21 世纪以来，我国经济与科技实力快速提升，软件产业也得到了快速发展。我国软件企业数量逐年增加，2020 年达到 39 400 个，软件行业在国民经济中的地位日益重要。在行业高速增长的同时，该行业的竞争日益激烈，部分软件企业看到了网络货运平台发展的机会，期望通过其软件行业的积累，来取得竞争优势。

（二）软件背景型网络货运平台特点

（1）软件技术功能强。软件背景型网络货运平台企业由于其前身具有丰富的软件开发经验、强大的软件技术能力，能够开发出技术功能强大的网络货运平台服务软件。

（2）客户服务能力强。因为软件背景型网络货运平台是自主搭建的网络货运平台，所以其在对于网络货运平台的熟悉程度方面比其他平台更有优势，对于客户使用网络货运平台中所遇到的问题，能够更快地寻找到问题的源头，更快地解决问题，给客户带来更好的使用体验。

（3）运营成本低。因为软件背景型网络货运平台由企业自己搭建，所以在日常运营中，无论是在运营成本方面，还是在维护成本方面，都比外包软件开发的成本低，在更新功能、版本迭代上也能节约大量成本。

二、工矿业背景型网络货运平台

（一）工矿业背景型网络货运平台概况

工矿业背景型网络货运平台主要指的是由工矿业企业支持的网络货运平台。这类平台主要为特定行业的企业提供专业化的服务，如大宗商品运输等。由于其服务的行业具有专一性，该类平台能够提供最为专业化的服务，在效率和成本上具有优势。

工矿业背景型网络货运平台的运营拥有许多优势。首先，因为其服务行业物流总量大，平台的货源十分充足，且单次运输量巨大，单次利润高。其次，其能够提升传统工矿业物流运输中的技术与管理水平。在传统的工矿业物流运输中，许多运力都是以个体的形式存在，会给管理与组织方面带来很多困难。通过网络货运平台，企业能够有效地管理这些零散的运力，提高运输组织效率。

（二）工矿业背景型网络货运平台特点

（1）智慧化程度要求高。工矿业背景型网络货运平台通过信息化技术变革大宗商品物流行业的发展模式，推动大宗商品物流行业朝着智慧物流方向发展。智慧运输体现在三个方面：①能够在管理上整合运力，实现对个体司机的监管；②能够实现数据化，打通货主、贸易商、司机的信息壁垒；③能提高行业监管水平，促使行业更加健康发展。

（2）运输组织流程相对复杂。工矿业背景型网络货运平台的主要货主类型是工业企业与矿业企业。该类企业的货物运输以大宗商品为主，主要为工业原材料和矿产品，运输上下游节点均为不同作业环境的生产场站，运输组织流程相对复杂。所以，这类网络货运平台需要通过厂区数字化、过磅数字化、数据可视化等手段，提高运输标准化与流程数字化的程度，大幅提高大宗商品货运各环节的效率。

（3）运力组成中重载运力占比高。在整车货运市场中，大宗商品运输的费用规模达 2.2 万亿元，占比近 60%，是整车货运中较为重要的组成部分。虽然规模十分庞大，但是因为其运输商品的特殊性，单次货运任务运量大，对于运力的选择会倾向于重载货车，所以重载运力比较高。

三、快递电子商务背景型网络货运平台

（一）快递电子商务背景型网络货运平台概况

快递电子商务型网络货运平台主要是指由快递电子商务企业成立或有快递电子商务支持背景的网络货运平台。这类平台是由于快递电子商务企业对于运力资源的需求而诞生的，主要服务对象是快递电子商务企业，这类网络货运平台的特点是拥有大量稳定的货源，与其他类型的网络货运平台相比，不用担心货源不足的问题，日常运营的问题主要集中在运力短缺的方面。

近年来，我国电子商务和快递业发展较为迅速。截至 2023 年 12 月，我国网络购物用户规模达 9.15 亿人，网络购物用户在网民整体中的占比已经达到了 83.8%。2023 年全国网上零售额达 15.4 万亿元，连续 11 年稳居全球第一，2023 年快递业务量达 1 300 亿件，较 2019 年增长 19%。

可以看出，无论是网络购物用户规模、电子商务交易额还是快递量，都在高速发展，其中快递量的增长甚至达到了 31.2%，因此在出现网络货运平台之后，各快递电子商务企业为了弥补运力缺口、降低物流成本、提高物流效率，纷纷成立了网络货运平台。对于电子商务平台而言，物流服务的价值不仅关系到物流成本，而且关系到平台用户。在这种竞争的压力下，各快递电子商务企业对于物流服务的要求越来越高，许多物流企业与电子商务企业都成了战略合作伙伴，以求在物流运输与体验上

进行更紧密的合作，进一步提升企业之间的合作效率，获得更多的利润。

（二）快递电子商务背景型网络货运平台特点

（1）货源充足。快递电子商务背景型网络货运平台的母公司为电子商务快递企业，依托近年来行业的快速发展，拥有十分充足的货源。

（2）资源整合能力强。快递电子商务背景型网络货运平台由于拥有大量稳定的货源，对于运力资源的吸引能力变得非常强大，因此拥有较强的资源整合能力，能够吸引大量的车源进入平台，充实平台的运力资源池。

（3）货源以小型包裹为主。因为快递电子商务行业的特殊性，平台所提供的货源中小型包裹占了较大的比例，对于重载运力的需求较低。但电子商务企业销售的商品种类越来越广，特别是随着快递企业开始涉足大件物流、普货物流等领域，未来这类平台的货源种类会越来越丰富。

四、新兴型网络货运平台

（一）新兴型网络货运平台概况

新兴型网络货运平台主要指的是无其他行业背景的网络货运平台，大多数在无车承运人时期进入网络货运平台行业，由无车承运人等形式转型成为网络货运平台。该类网络货运平台的特点目标明确、导向清晰，可以不受之前企业行业经验的影响，能以更加全面的视角观察网络货运平台的发展，能够更好地把握发展方向。

（二）新兴型网络货运平台特点

（1）数字化程度高。新兴型网络货运平台能够在大数据、云计算、人工智能等技术的驱动下，依托交易数据优化资源配置，提高数字化程度，有效实现企业降本增效。

（2）创新能力强。由于没有之前业务的束缚，新兴型网络货运平台能够拥有更多的创新角度，最有可能成为该行业破坏性创新产品的发明者。新兴型网络货运平台可能会探索出一套普适性强、流程简单的运输组织方式，通过不断进行创新，发展成为可以同时服务许多行业的网络货运平台，最终成为未来网络货运平台的标杆与行业发展的领导者。

（3）市场反应灵敏。新兴型网络货运平台一般面向通用货运市场，有利于适应需求广泛、千变万化的运输需求，行业敏感度高，决策速度快。

第四节 网络货运资源整合

一、网络货运资源整合分类及需求

（一）运量资源整合及其需求

1.网络货运的运量资源整合

网络货运经营者的"运量资源"指的是与其合作的实际托运人提供的货物及相关的信息资源，如货物的种类、数量和运输需求。这不仅涵盖了实物资源，还包括伴随的信息资源。网络货运经营者进一步对这些分散、多样化的资源进行整合，确保其更适于管理和运输。他们根据货物的类型和运输需求进行分类和整合，从而为托运人提供更为精准和制化的服务。这种整合不仅提高了运输效率，还使服务更加具有针对性。

2.运量资源整合需求

运量资源整合是当前货运领域的重要需求，它涉及将分散的、不规律的货运需求集中管理，从而提高效率和降低成本。市场上的托运人有各种不同的货物和运输需求，这些货源可能分布在多个地方，具有各自的运输时间和目的地。如果这些需求被单独处理，可能导致运输工具的空载或部分载，从而浪费资源，运量资源整合能够将相似或相邻的货源进行统一管理和调度，确保运输工具的满载率，减少无效的运行和等待时间。此外，通过有效的整合，企业可以实现大规模的运输，进而享受规模经济的优势，进一步降低单位运输成本。

（二）运力资源整合

1.网络货运的运力资源整合

网络货运平台的运力资源是指经营者为客户提供的运输服务相关的所有资源，包括与之合作的伙伴的运输工具及其信息。这些资源由网络货运经营者统一管理，包括基础设施、运输装备、人员和信息等。运力资源整合则是对这些运输能力和相关的交通工具、设备、人力资源进行统一调度和分配，以达到运输的时空优化。

2.运力资源整合需求

运力资源整合是网络货运的核心功能，有利于降低成本、提高车辆使用率及减少空驶率。运力资源整合涉及将实际承运人的各种分散、不同和独特的运力资源，包括设施、货物类型、交通信息等多个维度，有效整合为一个统一体。同时，根据特定的运输任务进行精准调配，确保最佳的任务与资源匹配。这种整合不仅提高了车辆的装载率，还确保各参与方高效合作完成任务，满足用户个性化需求，提供快速响应、优质服务并降低运输成本。

（三）运输设施资源整合及其需求

1.网络货运的运输设施资源整合

网络货运经营者的运输设施资源指的是网络货运平台能统一管理的设施和装备，这些资源由各合作伙伴拥有和控制，用于道路货运中的运输、信息处理和装卸活动。运输设施资源包括基础设备（如装卸搬运工具、车辆、场站、辅助服务设备等）、货运工具、衡器设备（如台秤）及装卸、检测、维修相关设备。通过对这些资源的整合和合理配置，强调方法、维护和管理，确保实际承运人的设备与运输任务相匹配，从而最大化设备效益，提高使用率，并减少资源浪费。设备整合的重点是强调设备的合理配置、高效使用，既需要使用前的规划，也需要注重设备的优化，提高设备利用技术。

2.运输设施资源整合需求

网络货运平台整合并共享承运人或公众的运输设施及其使用状态，促进资源拥有者间的信息交流。通过利用数据技术，平台可以收集、管理和使用关于运输设施的数据，构建完善的运输设施资源数据库，通过数据分析，为网络货运经营者提供智能调度、管理和设备维护的决策支持。整合运输设施资源能提高利用效率、降低成本。合作伙伴应按照平台的调度指示，与托运人和其他承运人共同操作，并共享运输工具，以满足客户需求。这种资源整合是网络货运经营的核心保障，能节约企业投入、减少风险并优化设备使用率。

二、网络货运平台资源整合原则、优势、流程及方法

（一）网络货运资源整合原则

1.目标性原则

资源整合应以明确的目标为导向，根据这些目标对资源进行优化和组合。对于网络货运经营者，如果主要目标是扩大网络覆盖，那么应优先与覆盖范围广的货运企业合作，并整合其货运网络；如果目标是提高服务质量或完成特定运输任务，则应选择那些能提升服务水平或满足客户需求的高质量货运企业合作。在整合过程中，要评估合作伙伴的实力、其拥有的运力资源、潜在的发展前景及企业价值等关键因素。

2. 经济性原则

要整合具有不同技术、发展理念和市场地位的货运资源，并使之与运输任务相匹配，网络货运经营者必须具备高级管理技巧和出色的整合能力，用最小的资源获得最大的整合效益。这就需要网络货运经营者通过科学的资源筛选和合理的整合，以最经济的方式，优化资源配置，从而实现整体价值的最大化。

3. 整体性原则

货运资源整合的核心思想是实现整体效益大于部分之和，即"1+1>2"的效应。网络货运经营者需按照既定目标，筛选与之相关的独立资源，并进行集聚，形成一个全新的更具效益的资源体系。这种整合使得平台内的资源可以实现共享和统一调度，这不仅使得网络货运经营者能完成之前独立企业难以达成的货运业务，还在其优化的匹配框架下提升了专业分工能力。

4. 层次性原则

网络货运经营者在整合货运资源的过程中，以满足市场需求和组织长期发展为目标，需要考察所整合资源的层次性。①资源具有层次性。在网络货运经营者中，货运资源的整合应根据需求差异化。短期合作主要关注运力资源、服务质量和价格的匹配；长期合作除上述因素外，还需考虑合作企业的财务稳定性和合作企业是否拥有相似的企业文化价值观。②资源整合具有结构性。鉴于客户需求的多层次性和复杂性，仅靠简单的资源累加可能不够。因此，需全面考虑并从多个维度进行资源整合和调度。③业务管理具有层次性。要涵盖货运、服务、各合作伙伴之间的业务协同、货运信息的流转以及资金结算和收益分配等多个层面。

5. 竞合性原则

网络货运经营者与其合作伙伴都是独立的货运企业。尽管它们在平台上围绕共同任务合作，但在市场上彼此仍是竞争者，存在业务交叉。因此，这种合作关系是动态和不稳定的。在资源整合时，需要考虑这种复杂的"竞合"特点。

（二）网络货运资源整合优势

随着移动互联网技术的快速发展，道路货运市场涌现出了一大批自身不拥有车辆、依托移动互联网平台从事运输业务的网络货运经营者。这些企业通过运营管理模式的创新，有效促进了货运资源整合，对于推进行业转型发展具有重要推动作用。

1.符合网络货运模式特点的资源整合

网络货运整合运输资源是根据市场和客户需求，鉴别并选择物流资源，并与适当的实际承运人建立合作，形成一个统一体系并根据运输需求进行车货匹配，确保最佳的任务与资源配对。网络货运为每个运输任务匹配最合适的承运商，通过合作、利益分配和风险管理机制，确保所有参与者高效合作完成任务，满足客户的个性化需求。每个物流环节的参与者都受益于此，使网络货运在资源整合方面具有明显优势。

2.基于大数据的货运方案

网络货运的目标是通过整合优化运输资源，达到最佳资源配置，实现规模经济，提高效率和服务品质，同时降低风险和成本，对托运人和承运人均有益。与传统劳动密集型运输不同，网络货运是技术驱动的，利用技术如大数据进行深度市场分析，找出痛点并为客户提供定制解决方案。它强调与合作伙伴的协同发展，通过资源共享和开放来拓展业务、提高服务水平、实现专业分工，同时加强管理能力，并开发新产品。

3.政策扶持助力网络货运的发展

国家和地方政府为支持网络货运制定了各种政策和措施，如允许网络货运经营者为司机代开增值税专用发票，解决了司机的发票和运费问题，促进了零散运力资源的整合。这些政策旨在推动物流行业的转型升级，为网络货运提供了明确的方向，增强了经营者的发展信心。

4.精细化运输业务管理

网络货运经营者通过其信息平台对信息资源进行细致管理，并高效地整合供应资源，为客户提供订制和精确的线上物流服务。这种方法改变了传统的广泛运输方式，提高了物流服务质量。网络货运采用技术驱动的轻资产模式，增强了资源整合和技术应用，使运输业务得到了精细管理。

5.道路运输规模化、集约化发展

网络货运经营者主要管理信息资源，相较于传统运输，减少了设施成本，且利用互联网提高了信息和工作效率。这使其能更专注于整合各种运力和运量资源，推动社会运输的规模化和集约化。网络货运能深入研究货运行业的核心问题，为其健康发展和管理创新提供理论指导。它解决了信息不对称和低配载率等问题，推动市场集约化并使货运行业更有序，同时促进了从传统运输向现代物流的转型，可为社会提供全面、高效和可靠的物流服务。

（三）网络货运资源整合流程

网络货运通过整合资源，依据货物信息，如数量、种类和位置等，组织多家运输企业或个体车队，旨在完成运输任务并降低单位成本。相比传统模式，网络货运更稳定，全程统一管理，确保托、承运人的运输安全和订单执行，维护市场稳定。网络货运信息化平台为其带来优势，能在处理托运任务时，快速匹配合适的运力资源与货运任务，以完成委托订单，如图5-2所示。

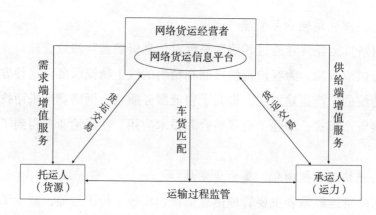

图 5-2　网络货运资源整合流程

当托运人申请货运时，需要与网络货运经营者签订货运合约。基于物流市场行情，平台为货运订单提供价格明细，托运人选择所需服务并支付费用。平台收到订单后，制订货运计划并安排运输资源，费用会根据承运人的表现支付。网络货运经营者对承运活动负责，并为不同的运输类别和路线提供增值服务，以确保运输效率。

（四）网络货运资源整合方法

网络货运整合的关键资源主要包括运力、运量和运输设施等，这些资源构成了运输业务的基础。此外，为了提供更全面的服务，网络货运需要整合其他资源，如行业资讯、政策信息、交通状况和银行业务等。通过整合并共享这些信息，网络货运平台可以提升其服务水平，并吸引更多客户。随着网络货运模式的不断发展，平台功能逐渐完善，各种资源整合的数量和种类也会不断增加，从而进一步促进网络货运行业的发展。这一发展趋势将使网络货运成为更加高效和便捷的物流解决方案，满足不断增长的物流需求。

1. 运量资源整合方法

网络货运平台根据托运人客户的个性化需求，包括运量、运距、运输频率、地理位置、货物种类等信息进行整合分析。通过这种方式，平台能够有效整合相同目的地、相同类型、运输时间一致的货源资源，以满足客户的需求。这有助于提高货运的效率和可配载性，使物流运输更为高效和精确。

（1）细分客户界限，确定目标客户。网络货运平台涉及多种客户类型和货物种类，相对于传统运输企业，这带来了更多的复杂性。一种统一的管理策略对所有客户可能会导致前期任务过于繁重，对平台的流畅运行造成不利影响。因此，通过对预期客户和潜在客户进行界定和分类管理，明确不同目标客户群体，可以优化货源结构，提高货运资源整合管理效率。这种客户分类管理方法不仅有助于提高平台的运作效率，还能够加强与各类客户之间的关系管理，满足不同客户的需求，实现更有效的业务发展。为了实现网络货运平台的快速发展，经营者采用了客户细分策略，这一策略根据运输量、运输频率、地理位置、货源种类以及货源主要流向等信息，将托运人细分为大客户、潜在大客户、普通客户和散户等不同类别。

（2）运量资源信息化、标准化管理。为了实现网络货运平台上的运量资源的信息化管理，平台在设计时需设定各种数据的标准格式，这要求托运人必须通过此平台提交运输需求信息，并且需按照平台设定的标准信息格式进行上传，这有助于统一和批量处理运量数据。整合数据资源是网络货运经营者的核心保障，特别是运量资源的管理。经营者需要研究托运人的货源数据管理方法和标准，进而设定一个合适且普遍可接受的标准化格式。基于网络货运经营者信息平台，利用现代信息技术、网络技术、数据挖掘和相关性分析技术，整合托运人的运输需求、货物特征、业务调度、客户业务数据和费用结算等信息。通过标准化这些信息格式，确保在货运平台、承运人和托运人之间的信息高效流通，从而保障运输任务的高效完成。

（3）加强客户关系管理，建立客户资源信息化管理系统。网络货运经营者根据平台的客户类型制定特定的客户关系管理策略，并为不同客户提供专属服务。对于货量大且稳定的货运企业客户，提供针对性的供应链解决方案，解决其痛点，增强客户黏性。另外，要建立客户评价体系，完善订单反馈，根据评价和建议优化服务，同时运用数据挖掘和信息技术，识别潜在长期客户，制定服务策略，提高客户满意度，确保平台货源稳定性，降低运营风险。

（4）准确把握市场动向，灵活运量整合。针对市场形势的变化，应采取灵活的策略对运量资源进行整合，根据市场状况，调整各时期、各地域的货运营销策略。当运力紧缺时，重点组织高效、高附加值的货源，确保运输的优质高效；当运力充裕时，实施全面的营销策略以吸引货源。

2.运力资源整合方法

在网络货运的初步发展中，需要多角度探寻整合运力资源的策略，使资源利用最大化并提高效率。运营者必须提高技术应用能力，应用信息化和标准化方法管理运输资源，以达到规模、高效的运营。

（1）重视技术应用和理论优化，实现最佳的车货匹配和行驶路线。网络货运平台采用计算机信息处理、GIS 和 GPS 技术定位，结合先进的运输规划算法，对货运车辆的运输路线进行精准优化。这不仅缩短了货物的运输时间，还可确保其安全性，进一步提升运输速度，从而显著提高整体的服务品质。网络货运平台的运输能力受限于实际承运人的车辆数量，也取决于平台的车货匹配效率。采用智能技术来处理复杂、变化多端和随机的动态业务数据，可以深入分析货物与运力的分布、货物流向及线路情况等关键数据。通过这些分析，平台能为货主和司机提供货物分布、流向、热门线路货量和经过优化的路线等关键信息，确保实现最优的车货匹配。

（2）信息技术的应用及数据集成系统的建设。网络货运平台的成功发展依赖于多种信息技术和大数据技术，如卫星定位、地理信息系统等技术，用于获取运力实时位置，以及射频识别和视频监控等技术，用于监测车辆运行状态。此外，平台还可以从运输企业的管理信息系统中获取有关运力资源类型、维护、运行状态和司机等方面的信息。这些通过各种方式获得的运力数据被整合到平台上，以提供车货匹配服务。运力资源数据的收集及管理需要用到各类信息技术，在网络货运发展初期需要根据可用资金情况、市场运力终端设施配置等确定信息技术应用方案，以低成本的方式收集运力资源信息。可建立相应的数据集成系统或数据库系统对运力资源数据进行管理与分析。有能力的实际承运人企业也可建立管理运力资源的信息平台或相应的数据集成管理信息系统，并与网络货运平台采用统一标准，方便运力数据的上传。例如，可以建立一个综合管理系统，用于统一管理各种运输设备，如车辆、集装箱和装卸设备。通过各种信息集成系统的建设和应用，网络货运企业可以有针对性地分类、批量处理、上传和分析各种数据集合，从而提高不同信息系统的兼容性和效率。场站和仓库在货源、货物流动和物流集散中起着重要作用，涉及货物承运、装卸、交付、中转等方面，可以将它们视为数据收集站，负责收集和整合相关信息。

（3）健全信用评价应用和服务质量管理机制。可以建立服务诚信管理系统，对承运人进行绩效和诚信考核，建立服务质量管理机制，有效提升运力资源整合效率。诚信考核的数据源自运输管理和货主投诉，反映了交易过程中的不当行为，如拒绝提货、无故绕行、故意延误等。可以根据承运人的信用等级和服务质量与之建立相应的合作关系，通过协作机制使网络货运平台的运力资源在数量和质量上得以保障。

3.运输设施资源整合方法

网络货运平台可收集各类承运人拥有的运输场站、社会公共运输场站、各类数据采集监控设施及其他运输辅助设施等，并对这些数据资源进行整合，提高各类设施使用效率，提升货物运输的流畅性。

（1）统一各类运输设施信息化管理标准。传统运输模式下，一般运输企业拥有的运输场站等设施数量较少，信息化管理程度不高。网络货运平台整合社会各类运输资源，资源类型多、分布广，建立运输设施数据管理系统，对设备类型、使用维护、故障、使用计划等信息采用信息化手段进行统一管理，可减少实际承运人的管理工作量，提升运输效率。

（2）制定各类运输设施共享共用合作协议。为提高网络货运平台上的运输设施利用率，并防止使用冲突，各参与运输企业或部门需遵循共用合作协议。该协议由网络货运经营者领导制定，明确在不同情境下的使用权限、优先权及任务分配原则，目标是共同实现运输资源的高效使用，并降低固定成本。

（3）提升运输设施资源分配理论及技术。网络货运平台应具备整合运输资源的技术和优化分配的理论，通过先进的整合技术和任务分配策略，优化运输设施使用计划，提高设施利用率，为各方节省成本。这要求经营者重视技术和人才培养，以确保其在整合中的核心地位。

（4）引导企业合理规划设施及投资。在完全的运输资源共享中，网络货运平台应基于货物特性和市场需求分析，为实际承运人提供合理的运输设施规划建议，防止重复或不足的建设，实现高效设施布局。此外，对于新的运输设备和技术，平台也应为承运人提供投资建议，确保以较低成本选择适宜的设备，满足运输和装卸需求的演变。

第五节　网络货运平台系统功能及物联网在网络货运中的应用

一、网络货运平台系统功能

（一）网络货运平台系统功能架构

网络货运平台应具备的基本功能包括各类用户管理、业务交易管理、安全监管、信用评价、数据挖掘分析、信息共享、综合信息服务等，每个模块功能下又具有多个功能，如信息查询模块主要包括信息数据发布、货运供需信息查询、车辆位置查询等；智能运输管理主要包括公平竞价、智能路线优化、智能供需匹配等；交易管理主要包括在线签署合同和订单管理等；其他模块如信用评价、风险预警、承运人托运人审核、交易监管、在途跟踪、应急运输调度、公共信息平台、政府监管、增值服务等。其功能架构如图 5-3 所示。

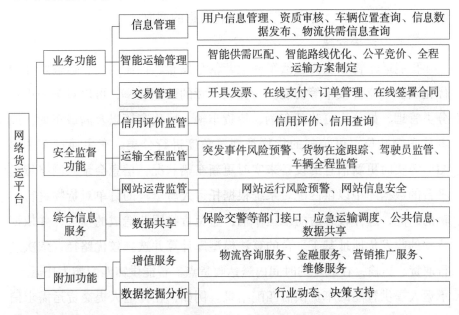

图 5-3 网络货运平台系统功能架构

（二）业务功能模块

平台的业务功能模块主要包括信息管理、智能运输管理以及交易管理等。

1. 信息管理

货主以及承运人管理是网络货运平台中较重要的两部分，主要包括对货物的供需情况以及车辆、驾驶员等信息的管理。一般来讲，货源、车源以及车辆运营信息等是用户所需要的常用信息，对其进行合理的设置能够提高车货匹配效率，从而提升整个过程的效率。网络货运经营者需要通过网络货运平台对各类客户进行资质审核、信息核查验证等。针对车辆、车主信息的查验主要是为了使货运平台上的车辆都是合法的，保证平台业务交易的顺利进行及相关信息的安全性。信息平台将货源、车源以及车辆的详细信息存入数据库中，用户能够利用平台来查询自己所需要的信息，平台则从数据库中进行数据的调取。

2. 智能运输管理

智能运输管理主要包括车辆运营信息发布、供需匹配、运输路径的优化及公平竞价接单等功能。为提高车货的匹配效率，可以对车辆进行分类管理，如分为可装配车辆、待货车辆、回程车辆以及满载车辆，或者从车辆吨位、可装载的货物类型等角度进行分类。车主通过车主端APP等实时更新信息的设备来实时更新车辆状况，信息会录入网络货运平台的数据库中以供匹配。系统根据托运人所填写的订单对货物进行车辆的匹配，选择较合适的承运车辆，避免货物因此造成的损失，并依据货物的收发货地址基于平台的算法模型库计算并选择较优路径，依次进行取货、运输，在规定的时间内送达收货点。智能供需匹配能为托运人、承运人提供智能的车货供需匹配结果。例如，在托运人提交货运需求信息后，系统会按照车货供需匹配的优化模型并基于托运人需求，提出推荐结果并反馈给网络货运经营者，网络货运经营者根据车辆类型、状态等进行报价。车货匹配会出现多种匹配结果，因此也可以采取承运人根据自身情况进行竞价的方式，先由网络货运平台把各承运商的报价结果反馈给托运人，再由托运人根据自身情况选择合适的报价进行交易。

3. 交易管理

交易管理主要包括在线安全交易、签署运输合同、订单管理、在线付款等。在线交易管理是网络货运平台接受货主的运输需求申请，并向托运人返回确认交易，然后下达货运匹配运输任务的过程。在收货人拿到货物之后，货主进行在线支付。网络货运平台能够通过支付宝、微信、网银等第三方支付平台支付运费，方便客户的在线安全支付交易，降低支付的风险。双方交易确认之后，要通过网络货运平台签订电子运输合同，合同中确定运价、运输方案、各方应承担的责任等内容，提前进行风险规避，从而保证各方利益。在货主确认交易后，平台可生成货运订单，包括订单号、货物的种类、性质、数量、发货地以及收货地等信息。平台可以依据这些信息进行承运车辆的分配；托运人可以通过订单追踪实时查询货物运输状态；实际承运人可以根据订单组织安全货物运输。

（三）安全监管模块

安全监管模块主要包括信用评价及监管、运输全程监管以及网站运营安全监管。

1.信用评价及监管

该模块拥有信用评价以及信用查询功能。平台通过记录车源与货源的相关指标，如承运方的货车状态、货运服务水平、货源方的仓储能力等，通过信用评价指标及模型进行评分，并提供查询服务。网络货运平台使相关方的信用水平公开化和透明化，收货人收到货物后，也能够根据货物的完整性、运输速度等对整个货运过程进行评价，并将评价信息及满意度上传至货运平台。

2.运输全程监管

运输全程监管包括对车辆、货物以及驾驶人的监管。在运输过程中，网络货运平台的监控模块利用北斗导航系统、射频识别系统、地理信息系统等对车辆、货物进行实时定位，并利用传感器等设备将车辆以及货物的情况上传至信息平台，录入数据库中。除了车载终端监控设施外，还结合道路、场站沿途的定点监控设施进行监控。当车辆经过收费站、场站等安装射频识别读写接收装置的采集站点时，利用射频识别技术及摄像机采集车辆状态信息，从而实现对车辆以及货物的运输全程全方位的追踪监控，使得车源方以及货源方能够随时查询车辆和货物的信息，从而掌握货物的运输状态。

3. 网站运营安全监管

网站运营安全监管包括网站运行以及风险预警。网络货运平台是开放的，容易遭到攻击，因此需要通过网站运营进行监管，保证货运信息平台中网络环境的安全。例如，可以利用防火墙技术、数据加密技术以及防病毒技术等安全技术保护网络环境，保证数据的保密性，防止其遭受恶意攻击。

（四）综合信息服务模块

综合信息服务模块主要包括各类信息数据共享管理、公共信息服务以及应急调度服务功能。

1. 各类信息数据共享管理

在信息平台中，信息共享主要包括车辆运力、运量、货源以及价格资源的共享，承运人与托运人能够通过平台的信息共享模块查询自己所需要的车源、货源信息，了解行业的价格行情，为决策提供依据，进而合理安排货物的装载以及车辆的运输调度，协调好车源与货源的衔接问题，从而减少车辆的空载率，降低运输成本。

2. 公共信息服务

政府可以通过货运平台发布最新的相关政策，方便承运人以及托运人快速查询到有关货运的政策法规。此外，相关的交通管制信息、路况信息以及气象信息等也能够利用平台进行发布，这些信息对驾驶员来说非常重要。驾驶员能够通过平台了解不同道路的管制情况、路况信息以及运输干线或区域的天气情况，从而做好出行准备和安排。

3. 应急调度服务

网络货运平台要具备一定的应急调度功能，在由于未知的各种原因而发生不可预估的意外时，受害方或其他人应能够利用网络货运平台进行求助，网络货运平台在了解事故发生的地点以及车辆人员的受损情况后，应及时地规划好救援路线、配备好救援设备，并联系附近的有关部门，使其快速到达现场进行救援。

（五）附加功能模块

附加功能模块包括各类增值服务功能以及数据挖掘分析功能。

1.增值服务功能

增值服务功能模块主要包括营销推广、物流咨询以及维修服务等功能，能够使客户加深对平台的了解，提升平台竞争力。

2.数据挖掘分析功能

数据挖掘分析能够帮助客户及企业了解网络货运的发展动向，使其及时应对快速变化的市场环境，抓住新的发展机会不断壮大自己。通过数据挖掘分析，平台能够找到新的发展方向，发现新的运输模式，优化自身的运输条件，降低成本，提高竞争力。

二、物联网在网络货运中的应用

（一）基于物联网的智能货车

为了更好地开展网络货运，以透明、安全、数字、智能为设计理念的软硬一体 SaaS 管车产品开始出现，各种类型的物联网设备出现，使车辆管理更轻松、安全管控更高效。基于物联网的智能货车如图 5-4 所示。

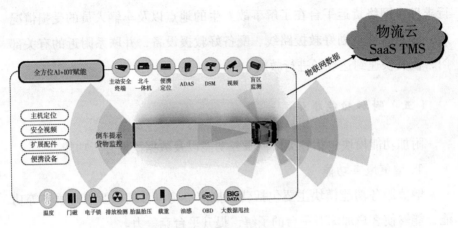

图 5-4　基于物联网的智能货车

基于物联网的智能货车针对人、车、货三大要素，使物流过程更加透明化。典型的基于物联网的智能货车的管理功能如下。

（1）司机管理。司机驾驶行为监控，急加速 / 急减速，空挡滑行，油耗管理，拍照 / 视频监控。

（2）车辆管理。位置与轨迹监控，停车 / 里程 / 速度，油耗监控，驾驶辅助系统（ADAS）驾驶监控。

（3）货物管理。货物安全监控，温度监测，精准定位。

（4）车厢管理。甩挂管理，实时定位，温度 / 湿度监测，开、关车门监测，拍照 / 视频监控。

（二）物联网与 TMS 的互联互通

智能货车产生的物联网数据通过移动互联网，接入云计算 SaaS TMS，从而实现物联网数据进入 TMS 的相关信息环节，服务于 TMS 管理功能。

商业实践案例　C公司网络货运服务

一、企业概况

C公司旨在通过互联网公共信息平台促进中国物流企业的成长和降低成本。C公司为物流企业提供运输服务平台，助力整合运力资源以减少开销，并提供全国性的货运信息服务。C公司网络货运平台结合独特的人工智能物联网（AIoT）技术，为大型物流企业和众多货运车队提供车队管理的全方位解决方案，涵盖从安全到金融的所有运营环节。

二、业务简介

（一）业务规模

C公司网络货运平台在物流数字化领域有超过十年的经验，目前已经连接了超过236万辆中大型货车，每日追踪1.7亿千米的运行轨迹，日上传数据达7.8太字节。这些大量的数据为C公司网络货运平台创造了显著的平台优势，利用其持续优化的算法，为客户提供覆盖安全、装备和结算等多个场景的数字化服务。

（二）平台架构组成

C公司数字货运利用物联网技术为传统公路货运注入智能元素，实现车货之间的智能匹配、全程安全监控与数字化结算。它通过物联网技术把货主、运力、安全、设备运营和能源消费等公路货运环节完美整合，使得公路运输变得更为安全、高效，有效降低了成本。物联网科技简化了司机、货主和财务的流程和难题。该平台基于AIoT技术，连接百万级车辆，实现了全国范围内的覆盖。此外，C公司网络货运平台还整合加油、电子收费系统（ETC）、轮胎等消费场景，带来了在线支付、清晰账务、合规票据和成本优化等多重优势。

三、物联网（IoT）服务

（一）安全管家服务

C 公司网络货运平台提供顶尖的五星级安全服务，结合人工智能（AI）和自然智能（NI）每日处理 3 万次风险事件，显著降低了卡车的事故率。该平台采用针对物流运输的风险算法模型，根据上百个特征评估司机驾驶的风险。同时，该平台为司机提供实时的人工语音和电话提醒，使车队负责人可以实现更为精细的安全管理，对高风险司机进行个性化服务，纠正其驾驶习惯。

C 公司网络货运平台的后台每天发布安全简报并定期提供安全诊断报告，这使用户能够实时监测高风险车辆、装载率、胎温胎压等，还可随时查看视频和语音记录，确保了司机和货车的安全。利用车辆的驾驶、运营、管理及风险数据，平台能够为车辆和车队做风险评分，从而协助车队进行长期的风险评估和细致的安全管理，并为保险公司提供风险识别与差异化定价的依据。

（二）冷链管家服务

C 公司冷链管家服务可以实现以下功能：①全程不脱温、端到端新鲜；②异常温度事件自动警报，及时干预；③历史温度明细可查，清晰界定货损责任；④支持外部设备接入，统一监控与管理。

（三）流向管家服务

C 公司流向管家服务可以实现以下功能：①载重与视频相结合；② GPS+ 载重 IoT+ 视频，三重保障防止偷窜换；③异常事件实时侦测、即时警报；④ AI 算法自动判责，减少人力成本。

（四）追货管家服务

C 公司追货管家服务可以实现以下功能：①货物上路，数据上云，全球可追；②货物在途信息全程可视，异常自动警报；③支持跨国追踪，覆盖全球 200 多个国家 / 地区；④一个平台实现货物信息上下游实时共享。

四、交易服务

（一）C 公司网络货运系统

C 公司网络货运系统的功能强大，包括工作台、车辆管理、运单管理、支付管理、在途监控、开票管理、运营平台及司机 APP。其工作台设计界面明了、功能齐全，能够展示公司、车辆、司机、运单和账户的详细信息。在车辆管理部分，系统能够维护和核实车辆的各种信息，如车牌号、车身颜色和载重，支持证件审核，可以确保信息真实性。运单管理功能可以展示运单的详细信息，并且允许用户按照时间、司机或车辆等条件筛选，也支持一键导出功能，方便用户将数据整合为 Excel 表格进行本地保存和分析。支付管理功能能展示运单详情，并支持按条件筛选，同时允许批量和快速支付，也可导出为 Excel。在途监控可以查看运单的全程轨迹、状态和支付状况，确保信息的真实性。开票管理实现了一键开票，简化了流程，提高了效率。运营平台功能全面且简易操作，助力运营人员快速上手，实现高效线上管理。司机 APP 则为企业提供独立品牌展示的机会。

（二）C 公司运力保障

在车货匹配中，运力是核心。C 公司网络货运平台既有私有也有公有运力池，并支持线上招标采购以共享资源，从而高效地调度运力并实现细致的运营管理。目前，C公司的公有运力池内有超过70万的承运司机，确保运力始终充足。

（三）C公司物联网设备

C公司物联网设备针对人、车、货三大要素，使物流过程更加透明化。其主动安全设备监测20+风险事件，确保司机安全驾驶；AI量方技术自动探测货物填充率，减少空驶；载重设备实时关注货物状况，避免超载和盗窃。

（四）C公司税筹服务

C公司在国内众多省市设有合作基地，利用规模优势为客户降低成本，同时实现信息、业务、资金和票据四流的整合。

（五）C公司能源服务

C公司在全国拥有超过12 000个站点，覆盖柴油、天然气、润滑油等多种品类，并涵盖35条主要高速及87%的国土。同时，平台结合实时油价和货运线路，为司机提供较优的加注方案。

（六）C公司卡车宝贝服务

C公司推出的"卡车宝贝"是面向卡车司机的一站式消费服务平台。它全面覆盖司机日常所需，如柴油、天然气、润滑油、车用尿素、轮胎、维护、食宿、车辆交易及金融保险等。该平台致力为司机提供高品质、物有所值的服务，与货源厂家直接合作，确保质量。司机可在全国的服务网点中取货，确保服务的连续性和普及性。

（七）C公司数字货舱服务

C公司数字货舱服务将传统卡车升级为智能物联网装备，并采用资产服务化策略，提高卡车车队的资金流动性和资产配置灵活性。数字货舱分为快递快运版、冷链版和大宗版，配备了AI量方、实时称重、远程温度控制和震动监测等功能。

（八）C公司大数据服务

C公司平台广泛整合卡车、挂车、油气站和物流园区等关键公路物流要素，全方位收集关于车辆轨迹、驾驶习惯、能源消耗和园区管理的货运大数据，以支持行业的数字化转型并实现成本降低和效率提升。

第六章　仓配一体化服务创新与实践

第一节　仓配一体化的发展现状及核心能力

一、仓配一体化服务模式演进

（一）内涵解析与特征重构

仓配一体化作为现代物流服务的创新范式，其本质在于构建仓储管理与末端配送的无缝衔接体系。该模式通过整合集货储运、分拣加工、包装配送等全流程节点，形成覆盖供应链多环节的增值服务网络。其核心价值体现在通过智能化订单管理、集约化仓储运营和柔性化配送体系的协同优化，实现供应链整体效率提升与运营成本的结构性优化。区别于传统 B2B 场景下以合同物流为主体的仓储运输服务，新型仓配模式更强调对 B2C 电商需求的动态适配能力。尤其在消费端对履约时效要求持续升级的背景下，该模式正成为物流企业服务升级的战略选择。

（二）历史沿革与演进动因

从产业演进视角观察，仓配整合模式经历了显著的发展阶段转型。

当前阶段的仓配一体化革新主要受三大驱动力推动：首先，B2C电商年复合增长率持续高位运行，2023年全国快递业务量突破1 320亿件规模，倒逼物流体系重构；其次，新零售业态催生大量轻资产运营的电商企业，其仓储管理能力缺口催生专业代管需求；最后，消费者对"次日达""极速达"的时效期待，促使库存布局从中心化向分布式网络转型。这种需求端的结构性变化，直接推动了2013年以来快递企业向仓配综合服务商的战略转型。

（三）未来演进趋势

在物流行业集中度持续提升的背景下，仓配一体化发展将呈现三个显著特征：其一，服务网络向多级化纵深发展，形成"中心仓＋区域仓＋前置仓"的立体化布局；其二，技术驱动效应凸显，智能仓储设备渗透率将突破60%，算法驱动的动态路由规划成为标配；其三，行业整合加速推进，头部企业通过并购形成覆盖B2B/B2C全场景的服务矩阵，市场集中度CR5有望突破40%。这种演进将根本改变传统物流"分段服务、多点分包"的运营模式。

二、仓配服务商核心能力构建路径

在新零售生态重构物流价值链的背景下，领先企业的能力建设聚焦于以下四个维度。

（一）网络化服务能力

构建多层级仓储网络拓扑结构，形成800千米半径的当日达服务圈与300千米半日达服务圈。通过干线运输的弹性调度机制，实现跨区域库存的动态平衡，服务准时率需稳定在98%以上。

（二）供应链协同能力

建立基于大数据的销售预测模型，将预测准确率提升至 85% 以上。开发行业订制化解决方案，如快消品行业的动态安全库存算法、3C 行业的逆向物流管理系统等。

（三）技术装备迭代能力

在自动化分拣、无人仓管理、智能包装等关键环节实现技术突破，将仓储坪效提升至传统仓库的 3 倍水平。研发适应不同温层的 AGV 搬运系统，使冷链仓配成本降低 25%。

（四）数字化中台能力

构建集成 OMS/WMS/TMS/BMS 的智能管控平台，实现全链路可视化追踪。通过 API 接口实现与电商平台、支付系统的数据贯通，订单处理时效压缩至毫秒级响应。

第二节 仓配一体化服务模式创新

一、仓配一体化服务体系架构

（一）集成化仓配运作机理

仓储配送一体化通过整合供应链全链路功能模块，实现从商品入库到终端配送的闭环管理。该模式突破传统物流环节割裂的局限性，将货物接收、智能存储、精准分拣、定制包装、动态分拨及末端配送等业务流程进行系统集成，由单一服务主体提供全流程解决方案。相较于离散式物流体系，这种集成化运作可压缩 35% 以上的中间环节，不仅

显著提升物流时效性和订单可视化管理水平，还能通过流程优化降低
15% ～ 20% 的货损率和运营成本。依托智能化管理系统，服务商可根据
供应链特性提供个性化流程配置，实现日均处理量提升 40% 的技术突破。

（二）与合同物流的范式比较

传统合同物流历经数十年发展，已从基础物流服务向供应链深度整
合演进。其服务边界已延伸至客户企业的生产计划、库存优化、分销策
略等核心业务领域。然而在数字经济时代，重资产运营模式显现出显著
优势：以电商物流为代表的现代企业通过构建覆盖全国的物流网络基础
设施，形成日均百万级的订单处理能力。这种资产密集型发展模式不仅
支持 B2B 大宗物流，还能适应 B2C 场景下的碎片化订单需求。

（三）新型仓配体系的效能优势

在仓配协同机制下，电商企业仅需完成订单数据对接，即可实现从
仓储管理到末端配送的全流程托管。这种专业化分工使电商企业运营效
率提升约 45%，能够将 85% 以上的资源聚焦于品牌价值塑造和精准营销。
对物流服务商而言，通过重构作业流程可将分拣效率提升至 3 000 件 / 小
时，分拣差错率控制在 0.05% 以下。全链路协同管理使平均物流成本降
低 18% ～ 25%，特别在 "618" "双 11" 等高峰时段，订单履约时效仍能
保持 98% 的准时率。

（四）快消品领域的应用特性

基于快消品高频次、短周期、多 SKU 的行业特征，其仓配体系呈现
显著差异化，具体如下。

（1）订单呈现碎片化特征。终端零售商平均订单量较其他品类减少
62%，补货周期压缩至 48 小时内。

（2）仓储智能化要求突出。需构建 WMS+TMS 双系统协同机制，采用 ABC 分类法优化货位布局，引入射频识别技术实现批次追溯，使库存周转率提升至行业平均水平的 1.8 倍。

（3）时效敏感性显著增强。建立 3 千米 /30 分钟的即时配送网络，将缺货响应时间控制在 2 小时内，有效降低 15% 的客户流失风险。

二、智慧仓配体系的特征

（一）多系统协同数据平台

仓配服务商构建 WMS（仓储管理系统）、OMS（订单管理系统）、TMS（运输管理系统）、BMS（计费管理系统）四维协同架构，通过 EDI（电子数据交换）接口与客户 ERP 系统实现双向数据贯通。该集成化信息平台使订单传输时延缩短至毫秒级，库存可视化管理精度达到 99.8%，实现跨组织业务流程的数字化耦合。实践数据显示，系统对接后订单处理效率提升 60%，异常订单识别响应速度提升至实时级别。

（二）物联网驱动的入库优化

依托 VMI（供应商管理库存）模式，服务商通过 ASN（预先发货通知）系统获取在途货物三维数据（品规 / 数量 / 尺寸），运用 SLP（系统化布局规划）算法预置库位分配方案。整件货物采用 AGV（自动导引车）集群作业模式，通过射频识别技术批量扫描实现 15 秒 / 托的验收速度；散件商品运用智能电子货架系统，结合光感定位技术实现 0.5 秒 / 件的自动计数更新。该模式使入库作业效率较传统方式提升 3.2 倍，货位利用率达 92% 以上。

（三）动态分拣决策系统

订单进入 OMS 后，系统通过 DPS（数字分拣系统）进行 ABC 分类，对整件订单触发 WMS 生成波次策略，AGV 集群根据路径优化算法实现 3 分钟 / 批次的分拣响应。拆零拣选采用 PTL（电子标签辅助拣货）技术，结合周转箱自动分流装置，使分拣准确率达 99.99%。在复核环节引入机器视觉检测系统，将核销效率提升至 2 000 件 / 小时，异常包裹识别率提升 85%。

（四）智能配送调度机制

TMS 系统集成 Dijkstra 算法与实时路况数据，构建动态路径规划模型。车辆调度采用 V2X（车联网）技术，实现 30 秒内的任务派单响应。在装载环节应用 3D 装载优化系统，使车辆空间利用率提升 40%。全程通过 GIS（地理信息系统）+BDS（北斗定位）双模定位，实现 5 米级轨迹追踪精度，客户可通过 API 接口实时获取 17 项运输状态参数。该模式使平均配送时效缩短 28%，燃油成本降低 19%。

三、智慧仓配解决方案的范式演进

（一）数据驱动的供应链协同体系

现代仓配解决方案已突破基础物流服务边界，形成以 DaaS（数据即服务）为核心的增值生态。服务商通过集成机器学习预测模型（准确率达 85%+）与库存优化算法，构建需求感知—智能布仓—动态调拨的三级响应机制。典型应用如下。

（1）分布式智能仓储网络。依托销售热力图实现 93%SKU 的属地化预置，使跨区订单占比降至 7% 以下。

（2）自动补货系统。基于 ARIMA 时间序列分析，使库存周转率提升 40%。

（3）全渠道库存熔断机制。通过数字孪生技术模拟供应链波动，使缺货损失降低 28%。

（二）行业参与主体的差异化路径

主要实施主体呈现出以下三类技术演进方向。

（1）电商生态型。依托平台交易数据构建预测模型（如菜鸟网络NDC计划），但存在供应链中立性争议。

（2）快递网络型。发挥干支线运力优势（中通云仓日均处理500万单），但定制化开发能力较弱。

（3）第三方技术型。专注WES（仓储执行系统）研发（如Geek+），需突破场景适配瓶颈。

第三节　仓配一体化面临的挑战和发展路径

一、行业转型期的主要制约因素

在仓配一体化模式价值日益凸显的背景下，多元主体竞逐促使物流行业呈现市场格局复杂化特征。当前行业发展面临末端网络布局受限与运营成本攀升的双重考验，各类市场参与主体在业务拓展过程中均面临差异化的发展瓶颈。

（一）第三方合约物流企业运营困境

专业物流服务商面临的核心制约在于基础设施网络的覆盖深度不足，难以实现区域纵深覆盖，特别是在终端用户市场（to C）的仓配业务拓展中遭遇市场渗透阻力。除汽车、医药等垂直领域外，传统企业级服务（B2B）市场呈现业务增量空间收窄态势，行业盈利空间持续承压，现阶段能够维持市场竞争力的多为具备重资产布局的头部物流运营商。

（二）快递企业服务升级障碍

尽管具备显著的末端网络优势，但传统快递企业在向综合物流服务转型过程中暴露出仓储资源配置短板。其现有仓储设施普遍存在空间利用率低、自动化设备覆盖率不足等问题，在单位产出效率、订单处理准确率等关键运营指标方面与专业仓储企业存在显著差距。同时，仓储管理系统（WMS）功能模块缺失导致作业协同效率低下，订单管理系统（OMS）的对接深度不足制约了服务平台的整合能力。

（三）电商系物流平台发展瓶颈

电商背景的物流服务商在供应链数据整合与仓网布局方面具有先天优势，但其干线运输网络建设相对滞后。与专业运输企业相比，存在自有运力储备不足、资源整合依赖外部合作等问题，导致补货响应速度、运输成本控制等关键运营指标表现欠佳。在业务高峰期，外部运力溢价显著增加物流成本，为保障服务时效往往采取预置库存策略，间接推高了整体供应链成本。

二、行业转型升级实施路径

（一）构建规模化运营体系

通过拓展多层次服务网络形成规模化效应，有效摊薄单位订单履约成本。重点加强区域分拨中心和末端配送节点的协同布局，完善仓配网络拓扑结构。

（二）深化服务价值链延伸

在现有业务基础上实施精细化运营，通过服务流程优化与质量提升增强客户黏性。建立动态服务质量监控体系，持续提升客户服务体验。

（三）强化网络协同效应

实施品类组合优化策略提升终端网络覆盖密度，通过订单聚合效应降低末端配送成本。建立智能分单系统，实现配送路径最优规划，提高车辆装载率。

（四）推进智慧物流体系建设

加大智能仓储设备与物联网技术的融合应用，构建基于云计算的数据分析平台。通过机器学习算法优化库存分布模型，实现需求预测与资源配置的动态平衡。

第四节　仓配一体化物流信息系统

一、仓配一体化的关键技术

（一）自动化

自动化覆盖设计、硬件、产品、算法、技术、工程等领域，具体包括分拨自动化和仓储自动化。

1.分拨自动化

包裹分拨方案服务于多样性的分拨需求客户群体，从建设在海内外的大型分拨中心，到城乡县城小型分拨网点，都能享受到分拨自动化所带来的精益求精的品质服务。

2.仓储自动化

仓储自动化指围绕各行各业仓储物流环节，集合自动化产业互联网资源，提供更省钱、更优质、更高效的集成服务。

（二）物联网

1.智能周转容器方案

物联网基于 RFID 容器标签、读写器和周转容器管理系统，为商家提供智能周转容器解决方案，助力周转容器的全生命周期管理，大幅降低了容器丢失率。

2.消费品行业方案

物联网基于RFID设备、标签和贴标技术，为消费品行业提供端到端的供应链数字化解决方案，涉及包材管理、生产管理、仓储管理、收发货和渠道管理等，提升客户供应链的时效、管理精细度及库存盘点效率倍升，实现订单关联，极大地简化了各流程环节。

3.场内定位方案

物联网基于高精度定位系统，对人员、车辆、物资的活动进行区域管制及跟踪定位，实现工作人员定时定位、重要资产定时定位、安全防撞告警、车货自动化绑定、数据分析与处理等，以提高场内人员、资产、物流的数字化管理水平。

（三）快递数字化

快递数字化的目的在于通过引入和应用先进的数字技术，为物流行业的各个参与者——包括电商平台、物流公司、商家和消费者，提供降本、增效、提质和增值的综合解决方案。

1.在降本方面

在降低物流成本方面，快递数字化通过引入自动化设备、智能排序系统和高效的管理软件，大幅度提高了快递处理的效率和准确性。例如，自动化设备如分拣机器人和输送带系统减少了对人力的依赖，降低了劳动力成本。

2.在增效方面

快递数字化在增效方面通过使用数字技术使得快递服务更加快速和准时，提升了整体的运输效率。例如，通过实时数据追踪和分析，快递公司能够快速响应市场变化和客户需求，实现更加灵活和高效的货物调度。此外，数字化的信息系统提升了物流透明度，使商家和消费者能够实时追踪快递状态，提高了服务体验。

3. 在提质方面

数字技术的应用提高了快递服务的整体质量，包括减少包裹损失和延误、提供更准确的配送时间预估，以及提高客户服务的响应速度和质量。通过提供高质量的服务，企业能够增强客户忠诚度和品牌声誉。

4. 在增值服务方面

快递数字化还创造了新的增值服务和产品。例如，通过数据分析和人工智能技术，企业可以提供基于用户行为和偏好的个性化推荐和服务。同时，数字化快递服务支持更多创新的商业模式，如社区团购和微仓服务，可为消费者提供更多便利。

二、仓配一体化物流信息系统功能

仓配一体化物流信息系统的作用是提升供应链管理的效率和效果。一个完整的仓配一体化物流信息系统采用"自上而下，先总体后部分"的原则划分不同的功能模块和子系统。简单来说，仓配一体化物流信息系统由数个典型的物流子系统组成，各子系统均有自己特有的功能。

仓配一体化物流信息系统具体包括全渠道订单管理（OMS）、智能仓储管理（WMS）、运输管理（TMS）和结算管理（BMS），为企业提供全方位的供应链运作支持。

（一）全渠道订单管理（OMS）子系统

OMS 旨在统一管理企业的订单流程，无论是线上渠道还是线下渠道。OMS 能够实时追踪订单状态，自动处理订单分配和履行，从而减少手动干预，提高订单处理的速度和准确性。此外，OMS 支持多渠道销售策略，如 B2B、B2C 和电商平台，使企业能够灵活应对不同市场的需求。OMS 核心功能包括商品管理、店铺管理、订单打印、报表管理。

一个企业从发出订单到收到货物的时间称为订货提前期，而对于供货方，这段时间称为订单周期。在订单周期中，供货方要相继完成订单受理、出库处理、送货结束处理等业务。

OMS 包含以下五个基本步骤。

1.订单准备

订单准备是客户按照自己的需求寻求相应商品和服务的过程，一旦获取相应的内容信息，客户将做出订货处理的第一步，即具体订货决定。这期间，客户可能会需要了解很多关于产品或者服务的信息，如质量、价格、数量、售后等。这一阶段，物流信息系统的核心目标在于尽量缩短客户做出具体决定的时间，降低客户获取和处理信息的成本。

2.订单传递

订单传递是指通过计算机网络将订单的信息从生成者传递给处理者，一般而言，订单传递的方向是从消费者或者顾客传递到供应商。传统的订单传递还包括人员手工传递和电话、传真方式传递，但这几种方式因为成本、速度及复杂度已经无法满足人们的需求，因此通过网络传递成为当前的首选。

3.订单登录

订单登录是指将生成和传递到位的订货和订单相关的信息按照一定的样式和形式生成正式的供货商订单的过程，这个过程包含一些具体步骤和任务。第一步，通过相关手段检查信息的完整性和准确性。第二步，根据订单检查库存情况，确定库存内容可以满足相关订单。第三步，如果能够满足订单，并且达成订单的其他条件，就进行下一步操作；否则，须改变订单的相应信息，如取消或者推迟。第四步，对顾客订单进行确认和规范，按照供货商或者企业的规范要求，对顾客的订单信息进行规范化处理，从而提升物流效率。第五步，根据订单准备发货单据等信息。

4.订单供货

按照订单的要求，进行货物相关操作，如拣货、包装、运输调度、发送等。这一阶段往往需要较为复杂的处理，因此是整个订单处理过程中最为耗费时间的部分，也是物流信息系统着力解决的部分。

5.订单处理状态跟踪

现代物流体系中，为了提升顾客满意度，往往还需要满足顾客随时随地了解物流状态和信息的需求，因此需要对订单和订货处理的状态进行实时的追踪，获取状态信息。

（二）智能仓储管理（WMS）子系统

WMS专注于优化仓库的存储和运作。通过自动化技术和智能算法，WMS能够实现高效的库存管理、快速准确的拣选和包装以及实时的库存监控。WMS不仅提升了仓库操作的效率，还减少了库存误差和损耗，帮助企业降低仓储成本，提高客户满意度。核心功能包括货品管理、入库管理、出库管理、退货管理、库存管理、订单管理。

在电子商务物流体系中，物流链条和物流路径往往是比较长的，其中从生产企业经过销售商最后到消费者的过程中需要有存储物品的阶段，这就是仓储。WMS就是处理此类仓储中物品相关信息和业务信息的系统。仓储管理与运输管理不同，后者更注重物品的空间位移，而前者则专注于物品在时间上的变化。

WMS除了具有商品验收入库、存储保管和出库等功能，还应具备多仓协同管理、贴标、退换货、库内分销等功能。由于涉及多平台电子商务业务，同时对于时效要求较高，仓储管理系统需要完美解决分布式系统协调、系统功能覆盖、售后服务等方面面临的复杂问题。

仓储与库存管理子系统的应用提升了物流中的仓库管理效率，降低了物流成本，应该主要从以下几个方面进行分析与设计。首先，系统要为相关操作和过程提供自动化和智能化的管理方法和平台。其次，通过数据挖掘和自动化处理实现仓库空间利用的最优化，节省存储成本。再次，通过信息系统中信息处理的标准和计算机处理的精确性特征提升货物操作的准确性和及时性，提高对顾客的服务质量，降低物流过程因误操作等异常原因造成的损失。最后，提升信息获取、处理和决策的实时性，信息系统必须为仓库的各种实际操作提供更加准确、完整和实时的信息支撑。

（三）运输管理（TMS）子系统

TMS 集成了路线规划、载货优化、运输成本计算和运输状态追踪等功能，能够帮助企业优化运输决策，降低运输成本，提高运输的可靠性。此外，TMS 支持与第三方物流服务提供商的协作，确保整个物流过程的顺畅和高效。核心功能包括承运商管理、配送管理、签收管理、报表管理、单据管理、状态跟踪。

运输信息管理系统主要指利用计算机网络等现代信息技术，对运输计划、运输工具、运送人员及运输过程的跟踪、调度指挥等管理业务进行有效管理的人机系统。一般来说，运输管理信息系统主要完成对运输工具和运送过程的信息管理，主要功能模块有以下几个方面：运输工具管理、运送人员管理、计划调度管理、装载接卸管理、运送过程管理等。

运输管理信息系统提高了物流运输的服务水平，其具体作用表现在以下四个方面。

第一，对正在运输的货物信息的查询。根据用户输入的查询关键信息，如发票编号、订单编号等，快速输出相关货物的基本信息。

第二，了解货物的运输状态。物流的时效性非常重要，是客户满意度和评价服务水平的重要影响因素，因为顾客总是想随时随地获知货物运输的状态信息，以及收到货物的时间节点。运输状态信息不仅可以提升用户的满意度，还可以用于运输管理，以确保货物始终处于计划范围内，提升物流管控的有效性和运输的实时性。

第三，高效的物流运输是物流企业的核心竞争力。

第四，有利于物流链条中信息的共享。运输管理子系统中的信息在物流系统的其他很多模块和子系统中都具有重要的作用，对运输信息的分析丰富了物流链条乃至供应链条的信息资源，有利于顾客预先做好接货和后续工作的准备。

（四）结算管理（BMS）

BMS 通过自动化处理账单、支付和结算，降低了财务操作的复杂性和错误率。这不仅提高了结算的效率，也为企业提供了实时的财务数据和洞察，帮助企业更好地管理财务风险和现金流。核心功能包括费用归集、账单对账、实收实付、业务核销。

三、仓配一体化数字系统供应商

仓配一体化数字系统供应商分布在智能物流服务商、智能仓储设备供应商、独立软件供应商等领域，相关技术和产品集成后，可提供完整的仓配一体化智能物流服务，下面以 D 公司仓配一体服务为例进行介绍。

商业实践案例　D 公司仓配一体服务

一、D 公司介绍

D 公司是中国领先的技术驱动的供应链解决方案及物流服务商，以"技术驱动，引领全球高效流通和可持续发展"为使命，致力成为全球最值得信赖的供应链基础设施服务商。D 公司已发展成为中国领先的技术驱动的供应链解决方案及物流服务商，2023 年营业收入达到了 1 666 亿。

二、D 公司仓配一体化服务

D 公司面向客户差异化物流需求，提供商务仓、电商仓及智能商务仓三种类型的仓配一体服务。

（一）商务仓仓配一体服务

（1）全渠道一盘货管理：全国仓网体系实现多地库存共享，并支持多渠道库存一盘货管理。

（2）仓配协同：十余年自营电商服务经验，保证品质交付，并在大促、春节期间提供服务保障。

（3）定制仓配服务：提供仓运配、逆向、金融等多环节的增值服务。

（4）商流赋能：基于 D 公司零售的商业敏感度和客户洞察为商家提供行业风向标，给商家更高曝光率，利用专属商品池坑位提升销售转化率。

（5）增值服务：基于仓配基础服务，提供盘点服务、装卸服务、贴码服务、包装服务、代收货款、仓间调拨、实物组套、实物拆套等增值服务。

（二）电商仓仓配一体服务

（1）全渠道"一盘货"管理：实现与多平台的系统对接，解决订单分散、备货成本高的痛点，实现多地库存共享、多平台"一盘货"管理。

（2）更优的仓配服务价格：提供货品提前预测储备服务，解决中小商家议价能力弱、服务稳定性差的问题，实现低价好服务。

（3）一体化供应链服务：针对不同行业和多场景特性，提供专业的一体化供应链解决方案。

（4）配送多选：提供丰富的承运商资源池，价格实惠，管理省心。

（5）智能科技：严格把控各环节精细化操作，实现智能仓储。

（6）增值服务：基于仓配基础服务，提供装卸服务、组套拆套、签单返还、代收货款、贴码服务、入仓盘点、协商再投、更换包装、套袋服务等增值服务。

（三）智能商务仓仓配一体服务

（1）销售预测：提前预警缺货风险并快速进行各仓库存补货，确保库存分布合理，全程履约预警管理。

（2）服务保障：代运营托管，专业一对一运营指导，保障库存履约最优。

（3）一键分货：降低送货难度，高质量稳定快速运输，保障销售安全。

三、D 公司消费品行业仓配一体服务解决方案

（一）解决方案定位

D 公司为消费品行业客户提供数字化、可视化、智能化的一体解决方案，向客户提供全渠道端对端（E2E）服务，实现供应链升级，如图6-3 所示。

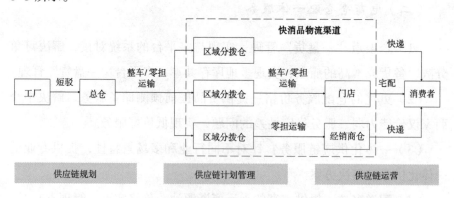

图6-3 消费品行业仓配一体服务解决方案

结合行业发展趋势和龙头企业最佳实践，D公司为快消行业（食品、酒水、美妆、母婴、日用家电等）的商家提供标准化产品＋定制化服务内容的供应链一体化服务方案，内容从供应链现状诊断，到供应链结构设计和基础物流运营，帮助商家在供应链变革和渠道变革过程中降本增效，进而达到提升消费体验的目标。

　　D公司提供面向快消行业的多渠道多场景的一体化供应链服务，包括线上多渠道仓配一体、线下多场景配送、BC同仓等基础物流解决方案，以及匹配物流效率最大化的仓网布局规划、库存规划、供应链数字化。

（二）解决方案优势

　　D公司消费品行业仓配一体服务解决方案涉及综合供应链服务能力、大促保障能力等方面，其优势显著，具体如下。

　　（1）综合供应链服务能力：面向多渠道多场景的供应链服务能力，具备线上线下仓配一体、跨境、线上到线下（O2O）多渠道多场景的解决方案与运营能力。

　　（2）广泛的物流网络覆盖能力：物流网络覆盖超99%的人口，极大满足深度配送的趋势。

　　（3）超强大促保障能力：大促期间，峰值订单处理能力弹性扩充，保障时效达成。

　　（4）自营体系＋定制化方案：自营体系服务全程可控，定制方案提升服务满意度。

　　（5）短链、库存共享、BC融合：应对供应链整合的发展趋势，具备完善的系统与运营能力，降低客户供应链管理成本。

　　（6）智能供应链：在大数据、自动化设备、5G园区等方面为众多品类的客户提供可实现应用。

　　（7）绿色供应链与可持续发展：围绕碳中和目标，依托可循环器具、智能园区、新能源运力等工具，构建绿色、数字化、全量化管理的可持续发展供应链环境。

四、D公司3C行业仓配一体服务解决方案

D公司基于自身物流资源和运作能力，面向3C（计算机类、通信类和消费类电子产品三者的统称）行业，提供针对性的仓配一体化服务解决方案。

（一）解决方案定位

京东物流结合自身物流能力，为企业提供多渠道"一盘货"的一站式物流解决方案，如图6-4所示。

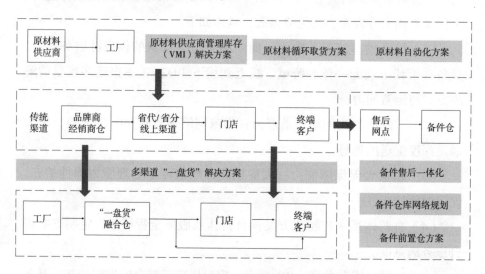

图6-4　3C行业仓配一体服务解决方案

D公司基于自身的智能供应链能力，为商家提供从工厂、总仓、分仓、门店到终端消费者的端到端全链条、B2B和B2C仓运配送一体化服务，包括线上线下"一盘货"库存共享服务，通过唯一码/串码的精细化系统管理实现库存管控，帮助商家提高供应链效率，降低资金占用与运营成本。

一体化供应链场景下的标准解决方案服务，通过标准化服务＋行业增值服务灵活组合，快速报价及敏捷实施上线，为客户带来多场景、多渠道、多环节的一站式高效体验。一体化供应链服务包括全程串码管理，物流全链路轨迹可视、金融增值提供动产融资和采购融资服务。

（二）解决方案优势

D 公司 3C 行业仓配一体服务解决方案涉及物流正逆向、库存共享等方面，其优势显著，具体如下。

（1）正逆一体服务无忧：提供优于行业的稳定履约服务，正向发货送货稳定高效，逆向取件退货便捷安全。

（2）全渠道一盘货库存共享：通过唯一码／串码的精细化管理实现线上线下多渠道库存融合，提高库存周转效率，优化成本。

（3）个性化需求满足：末端送货 100% 上门，针对末端多种增值服务需求提供定制化解决方案，专人监控运营质量，助力商家聚焦其销售业务，降低管理成本。

（4）波峰波谷大促保障：大促期间根据需求变化快速应对波峰波谷，多批次柔性生产，大促保障无忧。

（5）便捷金融服务：资金托盘，先款后货，动产融资利率低，审核资料少，年化利率低至 6.5%，商家资金周转更灵活。

（6）专业团队全托管：3C 行业经验丰富的专业供应链解决方案及运营管理团队全托管保障，提供全链条一体化服务，释放商家管理精力。

（7）全国分仓 211 限时达：结合 D 公司丰富的仓网资源进行合理分仓布局，通过产销协同、智能预测补调达到成本与效率最优，提供省内当日达、次日达高时效服务。

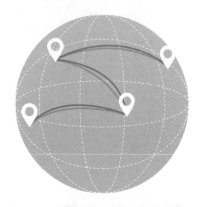

第四篇　数字技术发展与物流管理的创新与实践

目前，现代信息技术、新型智慧装备广泛应用，现代产业体系质量、效率、动力变革深入推进，这既为物流创新发展注入新活力，也要求加快现代物流数字化、网络化、智慧化赋能，打造科技含量高、创新能力强的智慧物流新模式、新业态。

随着移动互联网、大数据、云计算、物联网等数字技术在物流领域广泛应用，物流领域出现了大量新生事物，如网络货运、数字仓库、无接触配送、无人码头、智能冷链等，这为物流业态创新、物流模式及物流管理创新奠定了基础。

物流管理已经成为组织获取竞争优势的核心要素。数字技术是物流管理提质增效降本的最强动力，为物流管理提供前所未有的动态性、实时性和智能性，使物流管理可以更加准确、高效和灵活。

数字技术所特有的效率效应和协同效应显著增强了物流管理绩效，构成了物流管理创新的数字底座，推动着物流管理向智能化发展。本篇从众多数字技术中选取云计算、物联网及大数据三大热点领域，并将这些技术与物流管理相结合，讨论了物流管理应用数字技术时所面临的挑战和对策，以充分发掘数字技术的价值。

数字技术、智慧装备及信息系统相辅相成，为物流管理创新构建了科技环境。

本篇的商业实践案例分析是基于云平台的 E 公司智慧物流、基于产地预冷的寿光农产品冷链物流管理、基于大数据的 F 公司仓储物流管理。

第七章　云计算环境下云物流管理创新与实践

第一节　云计算与云物流

目前，信息技术已成为支撑整个社会、组织和个人活动的核心技术。云计算作为一种革命性的计算和业务模式，不只改变了传统企业对 IT 资源的配置和使用方式，还进一步促进了商业模式的创新。云计算不仅在现代服务业中得到了深度应用，还在推动服务向标准化、共享、按需供应以及经济适用的方向发展。

在商业领域，智慧地球愿景引导云计算等先进信息技术应用于各种社会领域，旨在创新商业模式并改进社会公共服务。在供应链领域，基于云基础架构的供应链平台进入商用，可以创建、发布、共享及维护各种企业的供应链，进一步促进了不同供应链之间的协同和优化。在物流领域，由于物流信息化和在线物流市场的持续进步，更多的物流服务环节和能力依托互联网，并在信息技术支持下实现互联互通，促进了客户与物流服务提供商之间的协同工作和价值创新。

随着云计算在物流领域的应用，"云物流"这一基于云计算的现代物流模式应运而生。云物流是一个高效、智能且集成的模式，依托云计算将客户的综合物流需求与供应链管理、资源整合、服务外包等管理方式融合运用。它通过虚拟化物流资源和服务化物流能力，实现统一的智能管理和运营，确保高效的信息共享和流程协同，旨在整合物流资源，创新服务模式，增强物流企业的竞争力，并为客户提供按需、安全可靠的服务。云物流为人们提供了一个新的视角，推动传统物流向现代化的转型和升级。

一、云计算技术

（一）云计算技术内涵解析

美国国家标准与技术研究院（NIST）将云计算界定为基于资源消耗计费的数字化服务形态。该模式通过互联网为使用者提供弹性的虚拟资源池（涵盖网络基础设施、数据存储系统、应用服务平台等），支持用户以最小化管理成本实现按需配置。其核心价值在于构建开放共享、智能响应、即时可用的分布式计算架构，通过将计算任务动态分配至网络节点，实现计算资源与存储系统的智能调度。作为继个人计算机革新、互联网革命之后的第三代信息技术范式，云计算已被纳入我国战略性新兴产业发展规划，其深度应用正在重塑社会生产方式和商业生态系统。

（二）云计算演进历程

云计算技术革新可追溯至 20 世纪中叶的理论探索。20 世纪 60 年代，计算机科学家约翰·麦卡锡首次提出"计算即公共服务"的前瞻理念，为云服务模式奠定理论基础。历经 20 世纪 80 年代网格计算架构、90 年代效用计算模型的积累，在虚拟化技术、SOA 体系架构及 SaaS 应用模式共同推动下，21 世纪初形成了完整的云计算服务体系。

中国云计算产业分为技术储备期（准备阶段）、高速成长期（起飞阶段）和应用深化期（成熟阶段）三个阶段，如图 7-1 所示。

图 7-1　云计算的发展阶段

1.技术储备期（2007—2010 年）

该阶段聚焦技术验证与概念普及，政府主导的公共云试点项目占据主导地位。受制于市场认知度不足与技术成熟度限制，商业应用场景较为有限，企业主要进行服务模式的探索性实践。

2.高速成长期（2011—2015 年）

产业进入规模化发展关键期，生态系统构建与商业模式创新成为核心议题。随着应用场景的多元化拓展，企业用户采纳率显著提升，逐步形成公共云、私有云及混合云协同发展的产业格局。此期间服务商数量激增，行业解决方案呈现专业化、细分化的演进趋势。

3.应用深化期（2016 年至今）

当前发展阶段呈现技术标准化与服务精细化的双重特征，产业生态呈现高度协同性。云服务已深度融入企业数字化架构，成为支撑现代信息系统的基础设施。主流供应商通过完善 PaaS、IaaS、SaaS 三层服务体系，持续提升服务可靠性与场景适配能力，行业应用效能获得实质性突破。

（三）云计算技术特征分析

云计算体系架构具备资源敏捷交付、弹性伸缩机制、计量计费模式及网络化服务四大核心特征。

（1）服务即时化供给。云计算基础设施依托虚拟化技术构建分布式资源池（通常称为"云端平台"），由专业服务商集中部署高性能计算集群与存储阵列。终端用户通过标准网络协议接入后，可即时调用云端资源实现数据托管与算力调度，显著降低本地化部署的时间成本。

（2）资源弹性化配置。云端资源池具备理论上无限扩展的横向扩容能力，用户可根据业务峰值动态调整资源配置规模。这种服务模式类比市政公共服务体系，如同居民无须自建发电机组即可获得持续电力供应，云服务使用者能够按需获取计算资源而无须预置硬件设施。

（3）计量式服务计费。该模式创新性地采用效用计算模型，用户仅需根据实际消耗的 CPU 周期、存储容量及网络带宽等维度进行精确计量付费，实现从资本性支出向运营性支出的财务模式转型。

（4）泛在化网络接入。云计算通过互联网构建虚拟服务界面，用户仅需配备基础网络终端设备（包含但不限于智能终端、物联网设备等），即可跨地域访问云端服务能力。这种架构将互联网转化为可编程资源平台，极大拓展了服务覆盖范围。

（四）云端服务层级模型

现代云端服务体系呈现三级技术栈架构（图 7-2），构成从物理资源到应用服务的完整价值链条。

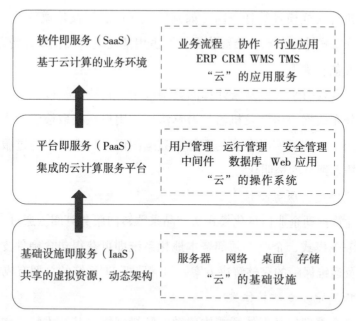

图7-2　云计算的服务层次

1.基础设施即服务（IaaS）

基于虚拟化技术构建分布式资源池，通过软件定义网络与超融合存储实现物理资源解耦。应用场景：企业混合云部署。

2.平台即服务（PaaS）

采用容器化编排与无服务器架构，形成全生命周期支持平台。

3.软件即服务（SaaS）

基于多租户架构构建云端应用生态，通过API网关实现系统集成。典型应用：ERP云化系统、智能CRM平台、协同办公套件等。

（五）云计算应用体系研究

自分布式计算理论萌芽至现代云服务商业化，云计算应用生态已形成多维技术矩阵。

1.弹性计算资源池化

通过虚拟化资源调度算法，云计算平台可动态整合闲置算力资源。

当用户执行大规模计算任务时（如基因组测序、气候建模等），系统自动分配分布式计算节点，最终依据资源占用情况生成细粒度计费方案。

2. 智能检索服务架构

现代搜索引擎实质是云计算的典型应用，其技术架构包含网络爬虫集群、分布式索引引擎及机器学习算法层。用户在获取检索结果时，实际上调用了云端近实时更新的万亿级数据图谱，整个过程通过服务抽象层实现技术细节的透明化。

3. 软件定义服务交付

云计算推动企业信息化模式从产品采购转向服务订阅。通过 SaaS（软件即服务）模式，企业无须部署本地化系统即可获得包含硬件支撑、软件功能及运维保障的完整解决方案，显著降低 IT 系统的总拥有成本。

4. 协同化安全防护体系

云安全模型依托群体智能构建动态防御网络，其技术特征包括威胁情报众包机制、恶意代码协同分析及免疫系统式响应，这种分布式安全架构有效提升了威胁检测的覆盖率和响应时效性。

5. 智能存储服务体系

在物联网与人工智能应用驱动下，云存储系统正通过边缘计算架构优化数据访问延迟，同时引入区块链技术增强数据溯源能力。该体系已成为应对数据爆炸式增长的核心基础设施。云存储系统通过存储虚拟化层、分布式文件系统及元数据管理引擎，实现海量数据管理。

二、云物流体系研究

（一）云物流技术范式解构

云物流作为云计算技术在供应链领域的垂直应用范式，其本质是通过分布式计算架构重构物流服务生态。

1. 核心功能

该体系依托云端算力集群构建多边协同平台，实现三大核心功能。

（1）需求聚合分析：通过机器学习算法整合离散化物流需求，构建动态需求预测模型。

（2）资源智能调度：运用运筹优化算法实现运输工具、仓储节点等要素的全局最优配置。

（3）服务链可视化：基于区块链技术建立端到端供应链追溯系统，提升服务透明度。

2. 关键技术特征

（1）异构数据融合：整合 GPS 定位数据、RFID 物流信息及 IoT 传感器数据流。

（2）弹性服务架构：支持突发性物流需求（如电商促销）的分钟级资源扩容。

（3）边际成本优化：通过资源共享机制降低单位物流成本达 30% ～ 45%。

从技术演进视角观察，云物流正在经历从信息化工具到智能决策中枢的范式转换。

（二）云计算与云物流的架构耦合关系

1. 技术耦合

云物流的技术实现本质上是云计算 PaaS 层在物流领域的具象化延伸，两者的技术耦合性体现在以下几方面。

（1）基础设施层：物流资源虚拟化映射（将车辆运力、仓储容量转化为可计量服务单元）。

（2）平台服务层：构建物流服务中间件（包含路径规划引擎、关税计算模块等）。

（3）应用交互层：开发行业专属 SaaS 应用（如跨境物流单证自动生成系统）。

2.演化阶段

从产业发展维度分析，传统第三方物流（3PL）到云物流的演进呈现三个跃迁阶段：

（1）信息化阶段（2000—2010 年）：电子数据交换（EDI）系统应用。

（2）平台化阶段（2011—2018 年）：物流资源交易市场构建。

（3）智能化阶段（2019 年至今）：数字孪生技术驱动的动态优化。

第二节　云计算在物流行业中的应用

一、云端技术生态在物流体系中的渗透路径

（一）物流业态的数字化重构

现代物流体系依据服务维度可分为宏观物流网络与微观物流单元。前者涵盖跨区域供应链基础设施，对国民经济运行效率产生 17% ～ 23% 的直接影响系数；后者聚焦企业级物流节点优化，通过 RFID 与 IoT 技术实现作业效率 38% 的提升。在第四方物流（4PL）服务范式下，云计算通过 SaaS 化物流操作系统（L-OS）实现全流程重构：

（1）构建容器化业务模块：将传统七大物流环节解构为众多的微服务单元。

（2）部署智能调度引擎：采用强化学习算法实现跨环节资源匹配。

（3）建立数字孪生系统：通过虚拟仿真大幅降低试错成本。

（二）云端赋能的行业实践

云端赋能的物流行业实践正呈现双轨演进格局，各技术层级的创新应用显著提升运营效能。

（1）在基础设施云（IaaS）层面，弹性算力调度系统通过动态资源配置实现总持有成本（TCO）降低 32%，为数字化运营奠定算力基础。

（2）平台云（PaaS）层通过路径优化 API 接口重构运输网络，使车辆综合利用率获得 41% 的突破性提升，有效缓解空驶顽疾。

（3）应用云（SaaS）领域推出的 WMS Pro 云仓管理系统，借助智能算法实现拣选效率 2.7 倍跃升，彻底改变传统仓储作业模式。

以整车配载优化为例，云端神经架构搜索（NAS）技术可实现 96.5% 的装载率，较传统方式提升 58%。高德纳（Gartner）公司的研究显示，采用云端库存协同平台的企业，其跨渠道库存周转率提升至行业平均水平的 1.8 倍。

二、快递业态的云端化转型实践

（一）智能路由决策体系

领先快递企业通过构建 CLPS（云端物流处理系统），实现三大核心突破：

（1）货单聚类分析：运用 DBSCAN 算法将 1.2 亿日单量压缩为 3 200 个有效聚类单元。

（2）干线网络优化：建立混合整数规划模型，使线路空载率从 38% 降至 12%。

（3）末端动态调度：基于实时交通数据的蚁群算法，配送准时率达 99.2%。

（二）资源协同共享模式

典型案例显示，快递"行业云"平台通过四层架构实现价值创造：

（1）数据湖层：整合 2000+ 加盟商数据资产，构建 EB 级物流知识图谱。

（2）算力层：部署 FPGA 加速卡集群，实现毫秒级路径重规划。

（3）应用层：提供 12 类标准 API 接口，支持日均 500 万次智能调用。

（4）生态层：对接 152 家车货匹配平台，形成网络协同效应。

据 DHL 技术白皮书披露，云端化改造使快递企业单位成本下降 0.28 元 / 单，碳排放强度降低 19%，异常件处理时效缩短至 23 分钟。

第三节　云计算环境下物流管理模式创新框架

云物流通过整合社会的物流资源，遵循"分散资源集中使用，集中资源分散服务"的理念，为客户提供定制的、安全可靠的专业物流服务和综合解决方案。在这种模式下，所有物流资源和服务都受云物流服务平台支持，经过虚拟化和服务化处理，成为物流云服务，可以满足客户的各种物流需求。

一、物流云服务

物流云服务是向客户提供的物流服务基础单位，它是构建物流云服务供应链的核心元素。利用物联网、虚拟化和 SOA 等技术，将分散的物流资源和能力进行虚拟化和服务化，并集成到云物流服务平台中。在该平台上，通过服务化的封装、注册和发布功能，形成了基于标准化接口的物流云服务，其具体实施与描述已被分离，可按需使用。利用云物流服务平台，物流云服务不仅可以为客户独立提供专业物流服务，而且在平台支持下，可以通过组合各类服务为客户带来综合、安全的一站式物流解决方案。相较于传统的物流服务，物流云服务具有服务过程标准化、资源高度整合与共享、信息透明、网络化访问、实时协同以及按实际使用量付费等特点。这种模式支持多种物流业务模式，如第三方和第四方物流，可实现在物流操作中的智能感知和业务协同。

二、物流云服务供应链

物流云服务供应链是满足客户定制化物流需求的关键。受市场需求驱动，它将众多的物流云服务根据特定的业务规则和商业逻辑进行整合，通过服务的聚合形成综合的物流解决方案，这种供应链为客户提供个性化、高性价比、安全可靠且按需提供的物流服务方案。

在云计算背景下，物流服务模式的创新依赖云物流服务平台，重点是满足客户的个性化物流需求。利用这一平台，大量的物流服务被整合和优化，从而构建物流云服务供应链。该模式强调服务理念、组织结构、功能、流程和技术的创新，为客户提供定制化的物流解决方案。同时，在服务的整个过程中，该模式对服务质量进行严格的监控和管理，确保为物流服务的提供者和用户带来持续优化的价值和质量。

物流云服务供应链可按部署方式和服务对象划分为物流公有云、物流私有云和物流混合云。物流公有云主要针对中小物流企业，利用基于云计算的公共信息服务平台，使这些企业能共享物流资源和能力。物流私有云面向大型物流企业。这些企业基于云计算技术，按照云物流的理念内部构建物流服务平台，促进企业内部部门在物流服务中的业务协同和信息共享，旨在降低成本并增强服务能力。物流混合云融合了私有云和公有云的特点。混合云的成功实施依赖物流公有云和私有云平台之间的有效集成。

三、物流云服务创新

与传统意义上的云计算模式创新相比较，云计算环境下物流服务模式创新的内涵在深度和广度上更为丰富。首先，在服务理念的创新上，核心是围绕客户的需求，提供新颖的服务内容和方法，为客户创造独特价值。其次，在服务组织的创新上，利用云物流服务平台，建立一个面向特定客户需求的动态联盟，由多家物流服务提供商组成，形成一种虚拟公司的模式。这涉及对客户关系网络、信息网络、供需网络和物流组织网络的全面创新。再次，在服务功能的创新上，除了提供传统的如仓储、运输等基础服务外，还涉及增值服务，如物流信息、金融和物流方案设计，以及将这些基础和增值服务整合的一体化物流方案。最后，在服务流程的创新上，重点是通过服务的聚合，以物流云服务供应链的形式为客户提供综合的服务解决方案。这些创新使客户得到的是高效、定制化的物流服务体验。

第四节　云计算环境下物流管理模式的关键

在云计算背景下的物流管理是一种结合了先进数字技术和管理理念的创新物流模式。依靠云计算及供应链集成创新的理念，这种模式能根据客户需求整合各种物流资源，提供综合的服务方案。不过，将这一模式付诸实践是一个涉及多个领域和技术的复杂系统工程。下面将依据互联网、云物流的特性，深入探讨云计算环境下物流管理模式的关键。

一、物流资源和能力的分类

现代物流整合了运输、仓储、配送、装卸搬运、流通加工、信息处理等多项功能，使得物流服务中涉及的资源种类繁多。在服务提供中，这些物流资源由于其独特的存在形态、管理策略及应用方法，存在着显著的差异；为了确保各种物流资源和能力的高效感知及信息交互，人们需要进行细致的物流资源分类，使每种资源能被正确理解和有效利用。

依照物流资源存在的形式、管理方式及使用方法的不同，可将物流资源分为物流硬资源、物流软资源和物流能力。物流硬资源主要指物流设施和运输工具，物流软资源涵盖了软件和人力资源，而物流能力既包含基础服务如运输、仓储和订单处理等，也涵盖增值服务，如物流方案设计和金融服务。具体分类如表 7-1 所示。

表7-1　物流资源和能力分类

资源大类	资源小类	资源描述
物流硬资源	物流装备	物流服务提供过程中所需要的各类设备，如车辆、托盘、货架等
	物流设施	支持物流服务提供的各类设施，如仓库、物流中心、配送中心等
	数字化设备	支持云物流运作的各类网络、计算、存储、数据采集和处理设备等
	货物	客户提供的需要物流服务的各类商品，是实现物流服务的标的物
物流软资源	软件	物流服务提供工程中所使用的各类软件，如仿真软件、TMS、WMS、ERP 等
	人力资源	专业知识、技术技能、职业素养等
	领域知识	物流信息服务、物流方案设计、供应链管理等物流服务
物流能力	物流基本功能服务能力	包含仓储、运输、包装、装卸、流通加工、信息处理等物流功能服务
	物流增值服务能力	物流信息服务、金融服务、方案设计、供应链管理等物流增值服务

通过对物流资源及其能力进行标准化和分类，可以更清晰地确定它们的相关属性，这种分类和标准化的过程为后续步骤提供了基础，尤其在物流资源和能力的虚拟化与服务化方面，能够更好地满足不同需求。

二、物流资源和能力的智能感知与接入

物流资源和能力的感知和接入是通过物联网、计算系统虚拟化等方法和技术，实现物流资源和能力的互联互通、智能感知，把异构的物流资源和能力转化为具有松散耦合、可按需使用的逻辑物流资源和能力的过程。根据物流资源和能力类别的不同，应该采用不同的感知和接入方式。

（一）物流资源的感知

针对不同类型的物流资源，可采取以下两种不同的感知方式：①物流硬资源，如车辆、货物和托盘，通过使用 RFID 标签、传感器和信息终端等技术进行实时监测，以捕获其静态和动态属性。这些收集到的数据要先传输到本地数据中心，或通过专门的接口适配器获取并传输。在本地数据中心，数据经过分析、预处理和聚合等步骤，以确保其质量和准确性，随后这些数据通过网络实时发送到云物流服务平台，为物流运营提供实时的、准确的参考信息。②物流软资源如软件和模型的数据捕获依赖特定的适配器，这些适配器负责实时检测和收集相关数据。收集到的数据会经过分析和聚合等步骤，以确保数据的准确性和有效性。经过处理后的数据随后会通过网络实时上传至云物流服务平台，为物流管理提供关键信息支持。

（二）物流资源和能力的接入

针对不同类别的物流资源和能力，应从不同层次虚拟接入云物流平台：①对于计算设备资源，采用了硬件级的虚拟化技术，这是基于云计算的基础服务模式，即 IaaS 的理念，通过资源感知系统，获取本地计算资源的详细接口信息，然后通过配置合适的适配器或相关软件，实现这些计算资源在云物流平台上的虚拟化接入。这种方式提供了一个高效的

资源管理和利用策略。②对于物流设备以及物流软件资源，可以通过虚拟机的相关技术进行实现，也就是说通过虚拟机映射和虚拟机管理器来进行与硬件的通信并对底层资源进行共享和分配，进而实现资源的虚拟接入。③在物流领域中，对于那些实时交互需求不高的资源和能力，如管理资料以及物流服务能力，则主要通过云物流平台的门户网站来实现虚拟接入。这种接入方式主要采用人机交互的方法，使得资源和能力得以有效的整合与管理。

第五节 云计算环境下云物流管理面临的挑战与对策

一、云物流管理面临的挑战

（一）云物流技术与系统领域面临的挑战

1.数据安全性

在云计算平台上，物流数据的存储、处理和传输都可能成为安全漏洞。这些数据不仅包含商业敏感信息，如库存水平、物流策略和客户信息，还涉及个人隐私，如客户地址和联系方式。数据泄露或未经授权的访问可能导致严重的商业损失和法律责任。此外，物流系统需要确保数据在整个供应链中的完整性和一致性。任何数据丢失或错误都可能导致库存误差、物流中断或客户服务问题。

2.云服务可靠性

在云计算环境中，物流系统的许多关键操作依赖远程服务器和在线服务。因此，任何云服务的中断都可能导致物流操作的暂停，这是物流运作管理中难以承受的。例如，如果云服务在高峰期间发生故障，可能会导致订单处理延迟，无法保证服务水平协议（SLA）的严格执行，最终影响客户满意度和公司声誉。

3. 系统整合性

目前，物流管理变得越来越复杂，需要整合不同来源和不同格式的数据，包括内部系统数据、供应商信息、客户订单和物流服务提供商的数据。有效地整合这些数据，确保系统之间的兼容性和数据的实时流动，是实现高效物流管理的关键。

（二）云物流操作管理领域面临的挑战

1. 物流操作流程变得更为复杂

在传统物流管理系统中，操作流程通常是线性和固定的，而在云计算环境中，由于系统的高度集成和自动化，物流管理流程需要更强的适应性。例如，订单处理、仓库管理、货物跟踪等环节都需要在云平台上实时同步和协调。这种流程的动态性要求物流管理系统不仅能够处理不同来源的数据，还能够在变化的市场需求和供应链条件下快速做出调整。此外，云计算环境下的物流管理系统需要支持多种设备和平台，从桌面系统到移动设备，确保在任何情况下都能够有效地进行物流操作。

2. 物流信息需要实时更新和处理

在高速运转的物流操作中，实时数据的准确性至关重要。云计算环境允许物流管理系统实时收集、处理和分析来自各个环节的大量数据，如实时库存水平、运输状态、市场需求变化等。这些数据的实时更新对于做出快速决策至关重要，如库存补充、运输路线调整等。然而，处理这些大量实时数据的能力对系统的计算能力和数据分析能力提出了较高的要求。确保这些实时数据的准确性和一致性，避免数据冲突或错误，对于维护整个供应链的高效运作至关重要。

（三）云物流投资领域面临的挑战

1.云计算部署过程中的成本压力

尽管云计算技术提供了降低 IT 基础设施成本的潜力，但初期的投资仍然可能相对较高。这包括迁移到云平台的费用、购买或订阅云服务的成本以及与此相关的培训和系统整合费用。云服务的持续订阅费用也是一个需要长期考虑的成本因素。因此，企业在选择云服务提供商时需要仔细评估服务费用结构，以确保所选服务既能满足业务需求，又不会引起不可持续的成本压力。

2.云计算解决方案的投资回报

企业在部署云计算解决方案时，不仅期望降低长期的运营成本，还希望能通过提高效率和灵活性来提升业务表现。然而，投资回报并不总是立即显现，企业可能不会立即看到成本的大幅下降或效率的显著提升，因为系统的迁移和员工的适应需要时间。云计算投资的回报取决于多种因素，如企业如何利用云计算来优化物流操作、提升客户服务质量以及实现更有效的数据分析等。因此，企业在部署云计算解决方案时需要有清晰的目标和期望，同时对实现这些目标的时间线保持现实的预期。

（四）云物流政策与法规领域面临的挑战

1.数据保护和隐私

许多国家和地区都有严格的数据保护法律，规定了对个人数据的处理、存储和传输标准。在云计算环境下，企业的物流数据可能包含敏感的个人信息，如客户的收货地址和联系方式，这就要求企业必须确保其云服务提供商符合这些法律的要求。同时，跨境数据传输是一个需要注意的问题，不同国家对跨境数据流动有不同的限制和要求。

2.物流特定的法规

某些物品的运输和存储可能受到特定的法律限制，如易燃物品或化学品。在云计算环境下管理这类物品的物流企业，需要确保其系统能够识别并遵守相关的法律要求。税收和关税也是云计算物流管理中需要考虑的法规问题，特别是在跨境电子商务日益增长的背景下，了解和遵守各国的税收法规对于避免潜在的法律风险至关重要。

二、云物流管理应对策略

（一）云物流技术与系统领域的应对策略

1.强化技术安全

（1）使用加密技术保护存储在云环境中的数据。加密技术可以确保数据在传输过程中和存储时的安全性。在数据传输过程中，采用安全套接层（SSL）或传输层安全性（TLS）等加密协议可以保护数据免受拦截和篡改。对于存储在云服务器上的数据，企业应使用复杂加密算法，如高级加密标准（AES）或公钥密码学加密法（RSA），确保即使数据被未授权访问，也无法被轻易解读。此外，企业应定期更新加密密钥，并采取措施防止密钥泄露。

（2）实施严格的访问控制保护云计算环境中的数据。访问控制将确定谁可以访问哪些数据，以及访问者可以执行哪些操作。企业应采用基于角色的访问控制系统，根据员工的职责分配访问权限。对于远程访问，企业应采用虚拟私人网络（VPN）和安全的远程桌面协议（RDP），以保护远程工作期间的数据安全。

2.系统集成与优化

在云计算环境中，有效地整合云计算与现有物流管理系统不仅涉及技术层面的集成，还包括业务流程的优化，能够确保新系统无缝地融入现有的物流操作中。

（1）通过系统集成确保云计算平台与企业现有物流管理系统的技术兼容性。这通常涉及不同系统之间的数据格式、接口标准和通信协议的匹配。为实现这一点，企业可能需要开发或采购专门的中间件或集成工具，以便于不同系统之间的数据能够顺畅交换。同时，集成工作应考虑到系统的扩展性和未来的升级需求，以适应不断变化的业务环境和技术进步。

（2）基于云平台开展业务流程优化。这意味着企业需要重新审视和调整现有的物流管理流程，以充分利用云计算带来的优势。云计算环境下的物流管理系统应支持自动化和智能化的决策制定，如利用云计算进行数据分析和预测，以指导库存管理和运输规划。优化的业务流程还应考虑到用户体验和操作便利性，确保系统的最终用户，无论是公司内部员工还是合作伙伴，都能够轻松地使用新系统。

（二）云物流操作管理领域的应对策略

云计算环境下的物流管理面临着操作流程的复杂性以及物流信息的实时更新和处理两大挑战。为了应对这些挑战，物流管理系统不仅需要采用先进的技术和算法来处理复杂的流程和大量数据，还需要确保系统的灵活性和适应性，以适应快速变化的市场和供应链环境。只有克服这些挑战，物流管理系统才能在云计算环境下发挥其最大效能，实现更高效和响应迅速的物流操作。

（三）云物流投资领域的应对策略

在云计算环境下进行物流管理时，进行详细的成本效益分析和合理规划投资预算可以最大限度地确保项目的可持续性，这要求企业不仅考虑云解决方案的直接成本，还考虑其带来的长期效益和潜在节约。

（1）通过成本效益分析评估云计算项目的价值。在进行成本效益分析时，企业需要详细考虑云计算解决方案的所有相关成本，包括初始投资成本（如系统迁移、集成和测试费用）、运营成本（如云服务订阅费、维护费用和培训成本）以及潜在的间接成本（如系统停机时的业务损失）。与此同时，企业需评估云计算带来的效益，如提高的操作效率、降低的基础设施维护费用、增强的业务灵活性和扩展性，以及可能的业务增长。通过将预期的效益与相关成本进行比较，企业可以更准确地评估项目的总体价值，从而做出更明智的投资决策。

（2）通过预算管理确保云计算项目的可持续性。企业需要制订详细的预算计划，合理分配资源，以支持云计算项目的实施和长期运营。这包括为项目的不同阶段（如规划、部署、运营和升级）分配预算，并考虑潜在的成本波动和意外支出。预算管理应包括对项目财务表现的持续监控和评估，以确保项目在预算范围内运行，并及时调整预算以应对市场和技术的变化。有效的预算管理不仅有助于控制成本，还能提升项目的财务透明度和可预测性，从而为企业管理层和利益相关者提供更清晰的决策依据。

（四）云物流政策与法规领域的应对策略

面对云物流的合规性问题，可以加强国际合作，共同制定跨国物流云计算的标准和法规。这种合作对于应对日益复杂的全球法规环境至关重要，可以帮助企业更有效地管理跨国运营中的合规风险。

（1）加强国际合作可以帮助企业更好地理解和适应不同国家和地区的法规要求。在全球化的经济环境中，物流活动往往跨越多个国家和地区，每个国家和地区都有其独特的法律和监管要求。这些要求可能涉及数据保护、隐私、关税、出口控制等多个方面。通过与国际伙伴合作，企业可以共享知识和经验，更有效地适应这些复杂的法规环境。

（2）共同制定跨国云物流的标准和法规可以帮助企业统一和简化合规流程。在当前的全球物流环境中，缺乏统一的标准和法规是一个重大的挑战，这使得跨国企业必须面对不同国家的多套法规和标准。如果能够在国际层面达成共识，制定一套通用的标准和法规，企业就可以更容易地确保全球运营的合规性。

商业实践案例　基于云平台的 E 公司智慧物流

一、企业简介

E 公司成立于 2013 年，依托云平台，已发展成为电商物流行业的全球领导者。在国际物流市场，E 的业务涵盖国际快递、国际供应链、海外本地服务。在国内物流市场，E 公司是电商综合供应链解决方案提供商，能帮助商家轻松应对全渠道的供应链复杂难题。

E 公司国内业务涉及供应链业务、速递业务、包裹业务等。

二、国内供应链业务

（一）B2C 仓配服务

基于云平台的 B2C 仓配服务，通过优选仓配和智选仓配等先进的供应链服务，实现了高效的库存管理和快速的商品配送。这种服务模式不仅支持阿里体系内的电商平台，还能适应各种复杂的商业场景，如直播销售、大促和新品发布，为 B2C 电商模式提供了坚实的后勤支持。通过持续的技术创新和优化，E 公司正在不断提升其仓配服务的效率和质量，以满足日益增长的电商物流需求。

优选仓配服务是 E 公司的一个重要特色，通过对仓库地理位置的精准选择和货物存储的优化配置，实现了更高效的货物配送。对于电子商务平台而言，仓库的地理位置至关重要，它直接影响到配送的速度和成本。菜鸟通过分析消费者的地理分布和购买行为，智能地选择仓库位置，从而最小化运输时间和成本。此外，优选仓配通过高效的库存管理，确保热销商品始终处于最佳位置，以便快速配送。

智选仓配服务是 E 公司利用云平台强大的数据处理能力，通过大数据分析和机器学习算法，预测消费者的购买趋势和需求，从而在仓库内实现智能化的货物分配。智选仓配可以预测到特定商品的需求增加，并相应地调整库存。这种预测性的库存管理不仅提高了仓库空间的利用效率，还减少了缺货或过剩的风险。

除了优化仓库管理，B2C 仓配服务涉及配送过程的优化。E 公司通过一系列高效的物流解决方案，包括自动化的分拣系统、智能路径规划和多模式运输方式，确保从仓库到消费者手中的每一步都高效、快捷。在销售、新品发布等需要快速响应的商业场景中，消费者期待能够在观看直播后尽快收到商品，快速而准确的仓配服务在这里发挥着关键作用。

为了应对电商大促等高峰期的挑战，B2C 仓配服务需要具备极强的可扩展性和灵活性。E 公司通过临时增加仓库工作人员、引入更多的自动化设备和优化仓内作业流程等措施，应对订单量的激增。同时，E 公司与多家物流公司共享物流资源，进一步提高了配送的效率和灵活性。

（二）B2B 仓配服务

E 公司 B2B 仓配服务通过提供全渠道物流解决方案，满足品牌商、社区团购平台、商超门店等多种业务场景的需求。这种服务模式以严格的运营标准和高品质服务为核心，使供应链能够高效运作，提高客户满意度。

E 公司 B2B 仓配服务在全渠道物流方面展现出显著优势。全渠道物流意味着服务不仅限于传统的仓储和配送，还包括线上线下融合、多种配送模式的整合等。这对于品牌商来说至关重要，因为它们需要将产品快速、高效地分发到不同的销售渠道，包括电商平台、实体店铺、社区团购等。

严格的运营标准是 E 公司 B2B 仓配服务的另一大优势。在供应链管理领域，操作的标准化和规范化是确保服务品质的关键。E 公司通过制定严格的仓储管理和物流操作规范，确保了服务的一致性和可靠性。

E 公司 B2B 仓配服务还注重严控服务品质。在供应链领域，服务品质直接关系到客户的满意度和品牌的声誉。E 公司通过持续的服务质量监控和改进，使每一环节的服务都达到高标准。例如，通过实时的物流跟踪系统，客户可以随时了解货物的运输状态，既提高了透明度，也增强了客户的信任感。

B2B 仓配服务能够满足各种场景的服务需求。无论是面向品牌商的大宗商品配送，还是面向社区团购平台的小批量多频次配送，或是向商超门店提供的及时补货服务，都能提供灵活的解决方案。仓配服务的多样性和灵活性是 E 公司在国内 B2B 物流领域中保持领先地位的关键。

（三）数字供应链

在云平台支持下的数字供应链服务不仅关注提高效率和降低成本，还重视通过数字化手段提升整个供应链的客户价值。E 公司结合行业供应链实践经验，为客户提供端到端的数字化供应链解决方案，助力客户实现供应链的数字化升级。

数字供应链的核心是通过数字化手段实现供应链各环节的紧密连接和实时交互，涉及从原材料采购、生产制造到商品配送和客户服务的每一个环节。通过在供应链中实施先进的信息技术，如云计算、大数据分析、物联网和人工智能，企业能够实时收集和分析大量数据，从而做出更快速、更准确的决策。企业可以利用大数据分析消费者行为和市场趋势，优化库存管理，减少库存积压或短缺的风险。

数字供应链解决方案强调的是端到端的管理，不仅关注单个环节的优化，更注重整个供应链的综合绩效。数字供应链解决方案涵盖从供应商管理、生产计划、库存管理到运输和配送管理的全过程，甚至包括客户关系管理和售后服务。在这个体系中，每一个环节都通过数字化手段紧密相连，信息流畅无阻碍地在各环节之间流动。这种全面的管理方式使得整个供应链更加透明，每一个决策都基于实时数据和深入的分析。

数字供应链解决方案还致力通过技术创新提升供应链的灵活性和适应性。在快速变化的市场环境中，供应链的灵活性和适应性至关重要。数字供应链通过实时监控市场和运营数据，能够快速响应市场变化和潜在风险。企业可以利用物联网技术监控生产线的运行状态，在设备出现问题时立即采取措施，减少生产中断的风险。

三、速递业务

速递业务在供应链管理中的核心价值体现在为电子商务提供的成本效益高和服务质量上的差异化组合。E公司的速递业务专注于满足电商领域对高效、可靠和准时的快递服务的需求。

（一）E公司速递在全国自营网络方面的优势

这种自营网络使得E公司速递能够对整个快递过程进行更严格的质量控制，从上门揽收到中转配送，再到在途拦截和逆向退货，每一个环节都严格监控，确保服务的高标准。上门揽收服务为商家和消费者提供了极大的便利，大大减少了包裹处理的时间和复杂度。而在途拦截和逆向退货服务则增加了物流过程的灵活性，使得消费者在购物过程中更加安心。

（二）E公司速递在速度和范围方面的优势

目前，E公司速递已在约300个城市提供次晨达、次日达和按需送货上门服务。这种快速的服务适合电商行业，尤其适合那些需要快速配送的商家和品牌。在重点城市中，E公司速递甚至能做到最快半日达，这在电商物流行业中处于领先水平。快速的配送服务不仅提高了消费者的购物体验，也提升了品牌商的满意度和忠诚度。

（三）E公司速递在服务质量方面的优势

在众多快递公司中，E公司速递的送货上门率业内最高。这一成就不仅源于其强大的物流网络和高效的操作流程，还归功于其对客户服务的重视。E公司速递提供的售后服务，使消费者在整个购物过程中的问题和疑虑能得到及时解答和处理。

（四）E公司速递在技术创新方面的优势

通过利用云平台的强大数据处理能力，E公司速递能够对物流数据进行深入分析，优化运输路线，提高配送效率。

四、包裹业务

E公司包裹业务专注于提供逆向物流和包裹递送服务。在云平台的支持下，E公司利用其在线数字平台，与多家物流服务商建立了高效合作关系，旨在为电子商务平台的消费者提供更加及时、便利的退换货服务，同时为小商家提供便捷、可靠的包裹递送服务。

在退换货方面，随着线上购物的普及，消费者对退换货服务的需求也随之增长。E公司包裹业务通过在线数字平台，为消费者提供简单方便的退换货流程。用户只需通过几个简单的点击就可以申请退货，而后E公司会协调物流合作伙伴上门取货或指导用户到就近的自助寄件点。这种服务大大简化了传统的退换货流程，提升了消费者的购物体验。

在包裹速递方面，E公司不仅服务电子商务平台的消费者，还为小型商家和个人用户提供包裹递送服务。通过与多家物流提供商的合作，E公司能够利用其广泛的快递网络，为用户提供快速可靠的递送服务。

在技术应用方面，E公司包裹业务充分利用云平台的强大算法和数据处理能力。平台算法能够高效匹配用户需求与物流合作伙伴的服务能力，确保每个包裹能以最快的方式送达目的地。同时，E公司包裹业务致力优化其物流算法，以提高递送效率和降低运输成本。

　　在服务标准方面，E公司包裹业务确保每家物流合作伙伴遵循统一的服务标准，从而保证消费者无论在何处都能享受到相同水平的高质量服务。

第八章　物联网环境下智能物流
管理创新与实践

第一节　物联网与智能物流

一、物联网

（一）物联网的概念

物联网（internet of things, IoT）是指通过任何时间、任何地点的联网设备，将各种物品连接到网络上，实现信息的传输、交互和通信，进而构建一个智能化的、全球化的信息网络。

从技术角度出发，物联网是一种综合性的技术，涵盖现代传感器技术、嵌入式计算、通信技术、云计算和大数据等多个领域。其核心是利用各种感应设备对物品进行信息识别和采集，如无线射频识别（RFID）、近距离通信（NFC）、条形码/二维码以及红外感应器等。物联网先将这些感应器收集的数据发送到云端或其他数据中心进行处理和分析，再为用户提供决策支持或自动执行相应的指令。

物联网包含了一个无所不在的互联世界，每一个物体都被赋予智能，能够实时与外部环境互动。这不仅仅包括机器与机器之间的通信，更包括人与物、物与物之间的互动。物联网的目的是构建一个更为智能、高效和便捷的环境。在智能家居领域，物联网可以根据用户需要自动调整室内温度、照明或音乐；在农业领域，物联网可以更为精确地监控土壤湿度和温度，实时调整灌溉和施肥策略，提高农作物的产量与品质。

（二）物联网的体系结构

物联网的体系结构至今尚未有一个固定的标准化形式，但被广泛认同的是三层结构模式：①对物体进行信息捕获和识别的感知层；②对数据进行传输和处理的网络层；③根据用户需求提供相应物联网服务的应用层。这种结构方式为物联网的发展和应用提供了一个清晰的框架参考，如图 8-1 所示。

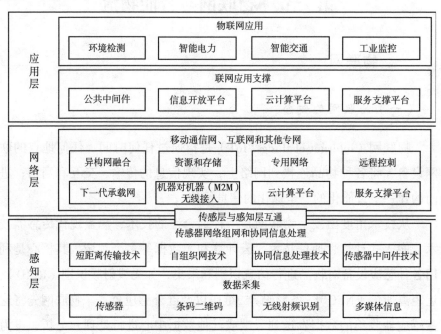

图 8-1　物联网的基本结构

1.感知层

感知层主要用于采集物理世界中发生的物理事件和信息，包括各类物理量、标识、音频、视频等。感知层在物联网中如同人的感觉器官对人体系统的作用，主要是感知外界环境的温度、湿度、压强、光照度、气压、受力情况等信息，通过采集这些信息来识别物体和感知物理相关信息。作为物联网应用和发展的基础，感知层涉及的主要技术包括条码技术、RFID技术、传感器和控制技术、短距离无线通信技术等。

一维条码和二维条码因其成本效益和实用性，在众多行业中仍将继续得到广泛应用。然而，由于所能存储的信息量相对有限，并且使用时需要用专门的扫描器在特定的角度和距离下进行扫描，条码的使用受到限制。这些限制在物联网时代，尤其是考虑到需要实时、迅速、大量数据以及在远距离上自动采集和识别身份的应用场景，显得格外突出。因此，预计RFID技术会在未来起到更加关键的作用，满足这些先进的数据采集和处理需求。

2.网络层

网络层基于现有的通信网络和因特网构建，它融合了现代通信技术和终端技术，为各行业的终端设备提供了通信能力。此层不仅让用户能够随时随地接入服务，更为关键的是，它通过整合有线和无线技术、移动通信及其他网络技术，帮助用户智能选择网络接入方式。

网络层在物联网中扮演着至关重要的角色，它就如同人体的神经系统，负责无阻碍、高度可靠且安全地传输所有感知到的数据。这需要传感器网络与移动通信、互联网技术的深度整合，经历了十多年的快速进步后，移动通信和互联网技术已经相当成熟，为物联网提供了可靠的数据传输基础。

3.应用层

应用层是物联网结构中的核心组成部分，包括各种业务和服务的处理系统，它使用从感知层获取的信息进行深入的分析和处理，执行相应的业务任务。经过处理后的信息会被反馈，以便更新并为终端用户提供服务，这使物联网系统的各个部分能够流畅、连续和智能地工作。

物联网将人们日常生活中的人和物紧密连接至网络，其应用广泛，涉及众多生产和生活领域，如安防、电力、交通、物流、医疗和环保等重要领域。

（1）在安防领域，通过视频监控和周界侵入预警系统，有效防范外物入侵。

（2）在电力领域，利用物联网进行远程抄表和输变电的实时监控。

（3）在交通领域，利用物联网实现公共交通购票、自动缴费、电子导航、道路监控以及车辆管理。

（4）在物流领域，利用物联网进行物品实时追踪、运输调度和实时监测。

（5）在医疗领域，利用物联网，实现身份确认、身体状况的感知与数据收集、个人健康管理以及远程医疗服务。

二、智能物流

物流企业既可以通过信息化手段对资源进行优化和配置，以减少物流成本，也可以通过加强流程管理和效率提升来提高物流服务的质量。随着物流业的飞速发展，物流流程变得日益复杂，使得资源的优化配置与管理面临更大的挑战。但我国的传统物流企业在信息化管理方面仍然落后，这限制了它们在组织效率和管理方法上的进步，从而制约了物流行业的整体发展。为了使物流行业能够持续、健康发展，推进从单一物流企业到整个物流网络的信息化和智能化转型显得尤为重要，智能物流已成为发展趋势。

（一）智能物流的概念

智能物流通常是指在物联网广泛应用的基础上，利用先进的信息处理技术、信息采集技术、信息传输技术，完成将货物从供应者向需求者移动的整个过程，其中包括仓储、运输、装卸搬运、包装、流通加工、信息处理等多项基本活动。

智能化的物流监控不仅实现了车辆和货物的主动监测，还能主动地分析和获取信息，从而保证整个物流链条的持续监控。通过利用互联网等现代信息技术，企业可实现内外部数据的智能传输，进一步推动供应链的整合和一体化；或者通过实时数据的监控和分析，不断优化物流调度，及时响应客户的个性化需求。在庞大的基础数据和智能分析的支持下，企业可以为物流战略规划建立模型、进行仿真和预测，确保其物流策略的准确性和前瞻性。

智能物流体现了智能化、一体化、社会化、柔性化的特点。通过对物流管理的信息化和综合化处理，企业可以提高物流效率、控制物流成本，从而产生经济效益。

物联网将实现物流网络的智能化，引领供应链向快速、智能变革，并确保物流系统中的物品管理变得透明和实时。此外，物联网能确保关键物品的物流追踪管理。随着物联网技术的持续进步，智能物流将拥有更为广阔的发展前景。

（二）智能物流的作用

智能物流代表了物流领域的技术前沿，它整合了先进的物联网技术，如条形码、射频识别、传感器和全球定位系统，来实现物流业务的高效管理和自动化运作。在实际应用中，智能物流能实时监控运输车辆和货物的状态，自主地获取和分析相关数据，从而使监控活动更加智能。通过采用电子数据交换等技术手段，智能物流可进一步提升供应链的整体性和灵活性，使得企业可以更智能地处理内外部数据传递。实时的数据监控和分析功能使物流过程更加高效和准确，这些技术赋予物流系统一种类似人类的智能，使其能够感知、学习、推断并独立解决物流中遇到的问题。这不仅大大提高了物流服务的质量和效率，还在更高的层面上减少了自然和社会资源的消耗，降低了成本。

物联网基于传感网、数据融合分析系统和智能决策系统，扩展和增强了人类的认知能力。针对智能物流系统，物联网不仅能够精确地捕捉物流车辆、货物和仓储的信息，还可以与其他网络资源进行连接和通信。通过智能化技术，物联网可以深入分析客户需求、策划物流方案并优化运力匹配，同时支持物流服务的在线交易和电子化处理，从而大大提高了物流效率和客户体验。

（三）智能物流关键技术

从功能视角，智能物流致力确保六个"正确"的实现，即正确的货物、正确的数量、正确的地点、正确的质量、正确的时间、正确的价格。从技术实现视角，智能物流要实现物品识别、地点跟踪、物品溯源、物品监控、实时响应。

智能物流重点关注物流数据的智慧处理、网络的协同操作以及明智的决策制定。为实现这一目标，智能物流系统融合了四个关键的智能技术：①智能的信息获取；②智能的信息传输；③智能的数据处理；④智能的场景应用。

（四）智能物流发展趋势

物联网的核心是物联、互联和智能。智能物流系统的目标是通过RFID 技术、GPS 技术、视频监控、互联网技术等实现对货物、车辆、仓储、订单的动态实时可视化管理，利用数据挖掘技术对海量数据进行融合分析，最终实现智能化的物流管理和高效精准的物流服务。

物流业通过将传统技术与智能系统相融合，构建了一个高效的管理平台。未来智能物流的发展将呈现四大趋势：①物流操作中的诸多策略和决策都将走向智能化；②智能物流将实现物流环节，如运输、仓储、包装和装卸的无缝集成，智能物流系统将会更加分层和结构化；③智能物流会更注重"用户导向"，即能够根据客户需求调整运作流程；④智能物流的崛起不仅将推动地区经济的增长，还有助于全球资源的最优配置，从而促进更广泛的社会化进程。

第二节　基于物联网的智能物流系统

一、智能物流系统概述

智能物流系统是一种结合了先进技术和算法的、完整的、系统性的解决方案，用于从源头到终点优化和自动化物流的各个环节。通过各种传感器、设备和技术，智能物流系统能够实时收集、处理和分析大量数据。在智能物流环境下，无论是库存管理、运输调度，还是订单处理，决策者都可以获得实时的、准确的数据支持，从而做出更加科学的决策。除了数据的实时性和准确性，智能物流系统利用先进的数据分析和机器学习技术，能够预测和管理物流运作。

智能物流系统结合了先进的技术、数据和算法，为企业提供了一个更加高效、准确和透明的物流管理解决方案。首先，智能物流系统可以预测某个地区的需求增加，从而提前调整库存和运输安排；其次，通过分析历史数据，智能物流系统可以识别出某些常见的运输问题，并自动采取预防措施；最后，智能物流系统能提供更高程度的自动化，许多日常的物流任务，如库存管理、运输调度和路线规划，都可以通过算法自动完成，从而释放人力资源。

二、智能物流系统的特点

智能物流系统是当今物流与技术融合的产物，其主要特点如下。

（一）数据驱动性

智能物流系统对实时数据具有高度依赖性。借助 RFID、CNSS/GPS 追踪以及各种传感器技术，该系统具备实时捕获和解析数据的能力。例如，CNSS/GPS 和传感器可以精确地报告运输货物的实时位置和环境条件，如温度和湿度。同时，RFID 技术允许系统无缝跟踪仓库中的库存流动和状态。所有这些数据被集中处理，使得物流决策者可以获得全面的视图，及时进行策略调整，确保运营的高效和准确。这种实时数据驱动的方法大大提高了对突发事件的响应速度和准确性。

（二）高度自动化

智能物流系统的优势在于其对先进算法和数字技术的应用。智能算法经过精密设计，能够自动处理各种物流相关任务，如对库存水平进行智能监控，根据需求自动补货，以及预测未来的库存需求。系统还可以自动监测设备的状态，实时分析交通状况，自动调度运输资源，并选择最经济、最迅速的运输方式和路线，减少运输成本和时间。借助这些先进技术，智能物流系统在执行任务时减少了人工干预，从而显著减少了因为人为疏忽或误操作导致的错误，不仅操作效率得到显著提升，整个物流过程也变得更加精准和可靠。

（三）智能预测

传统的物流系统依赖历史数据和经验进行决策。智能物流通过大数据和机器学习，基于物联网实时数据进行预测，可以更准确地预测需求、优化库存，从而减少浪费，提高服务水平。利用机器学习，智能物流系统可以从大量的历史数据中学习和识别模式。通过实时数据分析，智能物流系统可以迅速洞悉当前的交通状况，并据此动态调整运输路线和调度策略。这种结合历史数据和实时信息的能力，使得智能物流系统能够更加敏捷地预测和响应各种挑战，确保物流运营始终保持流畅。这种适应性预测方法显著降低了运营成本，并提高了客户满意度。

（四）灵活性与可扩展性

在快速变化的商业环境中，企业的成功在很大程度上取决于其适应能力。智能物流系统得益于其模块化和可扩展的设计，可以适应不断变化的市场和业务需求。无论是新的配送点、新增的商品种类还是突发的销售活动，智能物流系统都能够迅速进行调整和配置。智能物流系统的灵活性与可扩展性使物流企业不仅能够应对当前的挑战，而且为未来的增长和扩展做好了准备，从而在激烈的市场竞争中始终保持领先地位。

（五）优异的客户体验

智能物流系统的实时性和精确性为客户带来了更加出色的服务体验。实时追踪功能让客户能够随时了解其订单的精确位置，减少了不确定性和焦虑。智能物流系统能够预测交货时间，使客户能够更好地规划自己的时间和安排，而不必长时间等待或担心交货延误。这一系列的先进功能不仅提高了服务的准确性和效率，也大大增强了客户对企业的信任和满意度。

三、物联网在智能物流系统中的应用价值

物联网可以借助一定的设备实现强大的功能，极大地方便了对物流数据的传输及分析。物联网的功能应用在智能物流体系中可以发挥非常重要的作用。

（一）物联网技术有助于货物的感知和定位

物联网借助特定设备，能实现强大的数据传输和分析功能，使人们能够与现实中的物品进行智能互动。这些功能包括对物品进行精确的定位、识别和跟踪，以及实时监测物品状态。物联网还支持远程下达指令，能够直接控制物品。这些物联网功能被整合到智能物流体系中，可以极大地提升物流操作的效率和准确性。

（二）物联网技术有助于实现物流服务的一体化

在传统的物流行业中，物流企业由于缺乏实时信息获取手段，常常难以及时与客户分享货物动态，而物联网技术使物流企业能够实时追踪货物的状态，并将这些信息同步到网络平台。因此，客户可以随时访问和了解货物的最新动态。这种实时信息共享为物流企业和客户提供了更为紧密的沟通与互动机会，促进了双方的信任和合作。随着交流的不断增多，物流服务开始朝向一体化方向发展，大大提高了整体服务质量。

（三）物联网技术有助于物流系统的智能化处理

在物联网技术出现之前，传统物流系统中的库存分配和路线规划是一项复杂且耗时的任务。这通常需要投入大量人力进行烦琐的数据分析，以找出最佳的分配策略和行驶路线。在传统方法中，人工分析不能处理大量数据，因此物流方案和路线可能并非最佳，这不仅消耗了大量的劳动力，还可能因非最优解而产生时间和经济上的损失。利用大数据分析和云计算平台，物联网能够处理海量数据，并迅速找到更为精确的库存分配和路线优化策略，减少了人工的介入和相关成本，从而大幅提高了整体效率。

第三节　智能冷链物流

一、冷链物流

（一）冷链物流的概念

冷链物流是指在一定的低温环境下，通过物流管理系统对食品、药品、生鲜等温度敏感的商品从供应地到消费地的生产、储存、运输、销售等各个环节始终处于产品规定的最佳低温环境的冷却控制的整个过程。

冷链物流的应用领域非常广泛，涵盖食品、医药、化工等许多行业。生鲜食品、冷冻食品、生物制药、疫苗和许多化学品都需要在特定的温度条件下储存和运输，以保持其效力和新鲜度。冷链的组成包括设备和解决方案，如冷藏仓库、冷藏车、冷冻箱和相关的温度监控设备。在现代的冷链物流中，许多高科技工具和技术被引入，如物联网、传感器技术和实时数据分析等，以确保温度的连续性和稳定性。

（二）冷链物流的特点

冷链物流是一个高度精细的专业系统，其核心是在整个供应链中保持恒定的温度环境。这种连续的温度控制能确保商品从源头到终点始终保持在其所需的最佳状态。例如，肉类从产地到达消费者之前，必须在特定的温度范围内进行存储和运输，以确保其新鲜度和质量。这种严格的温度要求使冷链物流相较于常规物流更具挑战性，并具有以下特点。

1.时效性

冷链物流的对象是易腐的生鲜产品，因此运输速度直接关系到产品的新鲜度。为了确保时效性，冷链物流必须快速高效地完成分拣、包装和分发等步骤。在运输方面，需要在经济可行的前提下选择较快的运输方式，以减少由于时间延长导致的产品损耗。

2. 复杂性

冷链物流系统对技术服务水平有较高的要求，如对冷链物流的仓库、车辆运输等提出了更高的温控要求，需要实时监控每个时间段的环境变化。同时，冷链物流对象的品质和种类不同，所要求的温度控制和储藏时间等技术指标也有所区别，所以物流组织要对不同的物流对象提供差异化的技术服务，并具有较好的业务设计与管理能力。

3. 协调性

为确保产品在流通、加工、储存、运输和销售等步骤中的质量，必须对冷链物流的每个环节及其连接部分设定严格的质量控制标准，以确保整个链条的稳健运作。与传统物流相比，冷链物流更强调时效性和稳定性。为确保货物质量并减少在流转中的损失，每个冷链物流环节必须高度协同。

4. 高成本性

冷链物流的成本显著高于传统物流，主要体现在两个方面：一是冷链物流设备投入大，如冷链物流中心和冷链车辆的价格是常温条件下同类设备的数倍，尤其当涉及特定的食品时，需要额外的专业设备，进一步增加了投资；二是冷链物流运营费用高，冷库为保温度稳定需要持续制冷，增加电费，冷藏车在运输过程中也要保持制冷，增加油耗，进一步提高了运营成本。建立一个完善的冷链物流系统需要大量的初始投资，且回收周期较长。随着业务的不断发展，许多国内冷链企业计划增加投资，如建设新的物流中心、增设或租赁冷库、购买冷藏车辆及完善配送网络等，这都需要大额资金支持。

（三）冷链物流系统的构成

在完整的冷链物流供应链内，主要涉及四大核心环节：冷冻加工、冷冻储藏、冷藏运输与配送及冷藏销售。这些环节的共同目标是确保冷冻或冷藏食品在整个生产和流通过程中都保持在低温条件下，从而维护食品的优良品质。

1.冷冻加工

冷冻加工是冷链物流供应链的首个关键环节，涉及对生鲜产品的预处理，如预冷和冷冻。在此阶段，产品常被存放在冷冻柜和冷藏柜中以确保适当的冻结和冷却，为后续所有环节奠定了基础，如果冷冻加工不达标，后续流程的质量也难以得到保障，这凸显了冷冻加工环节在整个供应链中的核心地位。

2.冷冻储藏

冷冻储藏紧随冷冻加工环节，其核心目标是维持产品的优质状态。当食品经过初始冷冻处理降至规定的标准温度后，必须确保该温度持续稳定以确保食品质量不受到损失。目前，主要的储藏方法有两种：①冷却储藏，适用于那些需要保持在接近零度以维持新鲜度的产品；②冻结储藏，主要用于将产品冷冻至更低的温度，以确保其长时间保存。这两种方法旨在为食品提供一个稳定的冷却环境，防止其受到质量损失。

3.冷藏运输与配送

冷藏运输与配送环节涵盖冷链产品从出库到批发销售的全部流程，在冷链物流中，这一阶段尤为关键且复杂，要求生产商、物流公司和销售商三方密切合作，确保食品的高品质。在此过程中，任何温度的微小波动都可能严重影响产品的质量。如不慎导致产品的二次解冻，食品的表面会凝结水珠；当再度冷冻时，就会形成一层冰霜，严重损害食品的质量。因此，不仅要确保产品达到适当的低温，还必须保持这一温度的稳定，避免质量损失。

4.冷藏销售

在冷链物流的过程中，商品出库到达批发市场的运输与配送环节至关重要。这个阶段要求生产方、物流服务提供方和销售方三者之间紧密协同，目的是确保食品维持其优良品质，此过程任何微小的温度变化都可能对食品造成质量上的损害。

二、智能冷链物流

（一）智能冷链物流的概念

智能冷链物流是指将信息技术、物联网、大数据和人工智能等现代科技融入传统的冷链物流中，使其更加高效、安全和经济。

（二）智能冷链物流的功能和优势

随着全球化的加速和消费者需求的日益多样化，冷链物流已成为物流领域中的一个重要分支。特别是在食品、医药和生鲜产品领域，人们对产品质量和新鲜度的要求逐渐提高，这使得冷链物流越来越重要。其中，智能冷链物流以其独特的优势和功能，为整个物流产业带来了革命性的变化。

1.保障产品质量和新鲜度

智能冷链物流通过高精度的传感器和实时监控系统，确保货物始终处于恒定的温湿度环境中。这对于易腐食品、药品、生物制品等温度敏感商品至关重要。

2.提高效率和减少损耗

传统的冷链物流常常需要人工检测和调整，效率较低，还可能导致货物损耗。而智能冷链物流系统能够自动调整储藏条件，实时响应各种变化，大大提高了物流效率，同时减少了货物损耗和浪费。

3.增强物流透明度

通过物联网技术，智能冷链物流可以为客户提供实时的货物追踪和状态查询服务。这不仅加强了供应链的透明度，也为客户带来了更高的信赖度。目前，客户对于商品来源、存储和运输的关注度越来越高，智能冷链物流则满足了这种信息需求。

4. 提升经济效益

通过减少货物损耗、提高运输效率以及增强客户信赖，智能冷链物流为企业带来了显著的经济效益。与传统冷链物流相比，智能冷链不仅降低了运营成本，还提高了客户满意度，可为企业创造更多的价值。

三、智能冷链物流系统框架

智能冷链物流系统通常由传统的物流信息系统与物联网系统无缝集成，物联网系统将为物流信息系统提供海量、实时的物联网数据，其框架如图 8-2 所示。

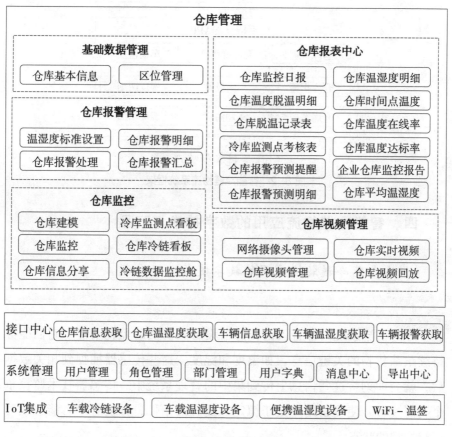

（a）仓库管理

（b）冷链车辆管理

图8-2 智能冷链物流系统框架

四、智能冷链物流应用的数字技术与产品

（一）智能冷链物流应用的数字技术

1.传感器技术

冷链物流系统内部置入的传感器设备具有实时监控功能，它们能够持续跟踪货物的关键信息，如温度和湿度。这些传感器捕捉到相关数据后，就会即刻将这些信息上传到集中的管理系统中。传感器技术监控整个物流过程，使货物始终处于恒定和适宜的条件，并使管理者能够随时了解货物的状态。

2.数据分析技术

利用大数据和云计算技术，物流行业能够高效处理和分析从各个传感器和系统中收集来的海量数据。这些数据不仅反映了货物的当前状态，还为物流运作提供了决策依据。通过对这些信息的深入分析，物流企业可以预测潜在的风险，如货物可能的损坏、延误或其他不利情况。有了这些预测，企业能够提前做出决策，如调整运输路线、改变仓储条件或重新规划配送策略，从而确保整个物流过程的顺利进行。这种技术的应用不仅提高了物流的效率，还极大地增强了物流企业对突发事件的应对能力。

3.远程控制技术

物联网技术为物流行业带来了革命性的改变，尤其是在远程控制和管理方面。通过这项技术，运营人员无论身处何地，都能通过智能设备或计算机，实时监控和调整储藏设备的各种参数，如温度、湿度等。这种即时的远程操作不仅大大节省了人工和时间成本，还为货物提供了一个持续的适合的环境。这样一来，无论是食品、药品，还是其他对温湿度敏感的商品，都可以在合适的状态下得到储存和运输，大大降低了货物受损或变质的风险。

4.追踪与定位技术

利用北斗卫星导航系统和射频识别技术，物流行业已经迈进了一个新的时代。北斗卫星导航系统使人们能够准确追踪货物的地理位置，无论它们正在地球的哪个角落移动。射频识别技术为人们提供了货物的详细状态，如温度、湿度等，确保货物在运输过程中的安全性。结合这两种技术，物流企业能够确保客户的货物安全无损，并且准时交付。

（二）智能冷链物流相关数字产品领域

智能冷链物流的数字技术应用供应商分布在北斗卫星导航系统、RFID、传感器、冷链整体系统等领域，这些技术和产品集成后，可搭建完整的智能冷链物流系统。在实际应用中，应结合需要选择合适的供应商。

第四节　物联网环境下智能物流管理面临的挑战与对策

一、智能物流管理面临的挑战

物联网在物流管理中的应用确实为人们带来了诸多便利，但也面临一系列的挑战。

（一）智能物流在技术与系统领域面临的挑战

1. 数据安全与隐私

随着物联网技术在物流领域的广泛应用，数据流量随之暴增，其中包含了诸多敏感和关键信息，如货物详细信息、客户资料、交易记录等。大数据量的传输和处理自然引发了人们对数据安全和隐私保护的深度关注。物流企业不仅要确保物流系统能够有效处理这些数据，还必须确保这些数据不会被非法获取或泄露，因为任何数据的损失或非法访问都可能带来巨大的经济损失和声誉损害。因此，物流企业必须投入相应的技术和资源，建立严格的安全措施和协议，确保数据传输和存储环境达到较高的安全标准。

2. 物联网数据共享

尽管物联网技术在许多行业中已取得巨大的成功并得到广泛的应用，但在物流领域，这一技术的应用仍处于探索阶段。随着技术的发展，市场上涌现出众多的技术产品与系统供应商，每家供应商都希望通过其独特的技术解决方案来占据市场份额。然而，这种多样化的技术生态系统导致了一个明显的问题，那就是技术标准缺乏统一。不同供应商的设备和系统往往基于各自的标准和协议进行开发，这为确保各种设备和系统之间的互操作性带来了巨大的挑战，进一步加大了物流企业在实施和管理物联网解决方案时的复杂性。

3. 集成与兼容性

对于那些已经部署了部分 IT 基础设施的物流企业，如何将物联网融入现有系统是一个难点，简单地添加新技术并不足以实现全面的自动化和智能化。如何确保新旧系统之间的无缝连接、数据的一致性和操作的兼容性，都需要进行深入的系统评估。只有当物联网技术完美地与现有 IT 基础设施融合，物流企业才能充分发挥其潜力，从而实现真正的自动化和智能化，为客户提供更高的服务质量。

4. 网络的稳定性与覆盖面临的挑战

对于某些偏远地区或交通条件复杂的地方，数据传输的不稳定是一个重要问题。在基于物联网的物流管理中，实时数据传输是关键，不稳定的网络可能会中断数据流，导致信息传输延迟或数据丢失。这不仅可能影响到对货物的实时追踪，也可能导致错误的决策或响应延迟，从而影响整个供应链的效率和准确性。

（二）智能物流在投资领域面临的挑战

智能物流建设与运作通常需要投入大量资金，包括硬件设备、软件开发等方面的成本，物流企业需要合理评估投资回报周期和投资收益率，确保智能物流投资具有可持续性和盈利性。同时，由于技术的不断进步和更新，设备的生命周期会相对较短。随着新技术和新版本的出现，物流企业可能会面临需要频繁升级或替换设备的情况，这不仅会增加成本，还可能影响到物流操作的连续性。因此，物流企业在引入物联网技术时，必须进行深入的成本效益分析，确保其长期收益大于短期的投资成本，并考虑设备的持续性和可扩展性，以应对未来技术的可能变革。

（三）智能物流在人才领域面临的挑战

智能物流融合了物联网技术和物流管理两大领域，随着物联网技术在智能物流中的广泛应用，人们对物流企业操作及管理人员的能力提出了更高的要求。从事物流行业的人不仅要满足当前的业务操作和管理，还需要适应智能物流的发展需要，满足智能物流的持续迭代。

（四）智能物流在政策与法规领域面临的挑战

随着物联网技术渗透物流领域，智能物流不断发展，各国政府逐渐意识到加强智能物流监管的必要性。智能物流在政策与法规方面面临以下挑战。

1. 法规的跨界性和复杂性

智能物流涉及多个领域，包括仓储、运输、跨境物流、数据安全、隐私保护等，其政策和法规涉及的范围广泛，跨越多个政府监管部门，因此往往具有复杂性和多样性，制定和实施相关法规面临一定的困难。

2. 法律法规的滞后性

智能物流的发展速度远快于法律法规的制定和调整，智能物流领域的相关政策和法规往往滞后于智能物流的实际应用，导致法规的适用性和可行性受到挑战。

3. 数据安全与隐私保护的法律约束

智能物流涉及大量的数据收集、处理和传输，其中可能包含个人隐私信息，因此在数据安全和隐私保护方面需要遵守严格的法律法规，但是如何平衡数据使用与隐私保护之间的关系面临挑战。

4. 国际标准的认可与合规

智能物流运作涉及多个国家和地区，不同国家和地区的法规和标准存在差异。如何在国际范围内达成一致的标准和规范，以促进智能物流的跨国合作和发展，是一个挑战。

5.监管模式的创新与完善

传统的监管模式往往难以适应智能物流的发展需求，需要创新和完善监管机制，加强对物联网技术和智能物流管理的监管，保障市场秩序和消费者权益，促进物流业健康发展。

二、智能物流管理应对策略

（一）智能物流在技术与系统领域的应对策略

1.应用加密技术并加强数据访问控制

使用加密技术保护存储在物联网环境中的数据，在数据传输过程中，采用安全套接层（SSL）或传输层安全性（TLS）等加密协议可以保护数据免受拦截和篡改。物流企业应采用基于角色的访问控制系统，根据员工的职责分配访问权限，可以采用虚拟私人网络（VPN）和安全的远程桌面协议（RDP），以保护远程工作期间的数据安全。

2.构建成熟规范的物联网数据资源共享平台

建设一个智能物流管理体系是一项巨大的挑战，其复杂性使得单一的物流企业难以独自完成，整个行业的合作与协同是确保体系完善性的关键。为了更好地发展，物流行业应建立全面的物联网数据资源共享平台，并探索新型智能物流运营模式。各个地区在物联网发展和应用上存在显著差异，经济水平也有很大的不同，导致智能物流的建设和实施在各地区之间存在不均衡，需要特别注意和调整。地方政府和相关机构需要根据当地的经济状况和产业需求，对物联网基础设施进行升级和优化，为智能物流的发展打下坚实基础。物流企业应当积极参与资源共享，推动数据资源应用，确保资源数据得到最佳使用。

3.加强物联网在智能物流的应用研究

加强对智能信息技术的应用可以提高生产效率和优化工作流程。通过引入自动化和机器学习技术，企业可以在生产线上实现自动化操作，从而提高生产效率，减少人工干预导致的错误，确保产品的高质量和一致性。智能技术可以帮助企业更好地分析和挖掘大数据，从而为决策提供更为精确的依据。

4.采用多种网络通信方式

应对智能物流在网络稳定性与覆盖面临的挑战需要综合考虑技术、管理和合作等方面的因素，采取多种措施确保网络的稳定运行和覆盖范围，以支持智能物流系统的高效运行。对于网络稳定性和覆盖存在问题的区域，物流企业可以寻求多种通信方式进行相互替代，如 Wi-Fi、GPRS、5G/4G、有线通信等，以确保物联网数据传输的连续性和准确性。

（1）多元化网络架构。建立多元化的网络架构，包括有线网络和无线网络，如 Wi-Fi、蜂窝网络等，以确保网络的稳定性和覆盖范围。

（2）网络设备优化。对网络设备进行优化和升级，确保其性能和稳定性，包括路由器、交换机、无线接入点等设备，以适应智能物流系统的需求。

（3）增加网络容量和带宽。根据实际需求增加网络容量和带宽，提高网络的数据传输速度和处理能力，避免网络拥堵和数据传输延迟。

（4）网络覆盖优化。针对智能物流系统的实际应用场景，进行网络覆盖优化，调整网络布局和设备部署，提高网络覆盖范围和信号稳定性。

（5）备份与冗余系统。针对关键网络节点和设备，建立备份和冗余系统，以应对网络故障和设备损坏等突发情况，保障智能物流系统的持续运行。

（6）监控与维护。建立网络监控和维护机制，实时监测网络状态和性能，及时发现和解决网络问题，保障网络的稳定运行。

（二）智能物流在投资领域的应对策略

在投资智能物流之前，企业需要审慎评估市场前景、风险因素和投资回报，制定合理的投资策略，以应对挑战并实现可持续发展。在投资智能物流时，应进行详细的成本效益分析和合理规划投资预算，这样可以最大限度地确保项目的可持续性。成本分析和效益评估要求企业不仅考虑智能物流的直接成本，还考虑其带来的长期效益和潜在节约。企业应通过成本效益分析评估智能物流的价值，通过预算管理确保智能物流项目的可持续性，为管理层和利益相关者提供更清晰的决策依据。

（三）智能物流在人才领域的应对策略

企业应采取引进和培养双管齐下的策略提高物流管理人员的职业能力，同时重视人才引进和培养，通过优化招聘流程，引入与智能物流相匹配的高素质人才，并建立岗位胜任力模型，确保人才与岗位的高度契合。此外，企业要持续为员工提供教育和培训，尤其是针对物联网技术和智能物流管理的专题培训，确保管理团队具备足够的专业知识和实践能力，为智能物流的稳健发展打下坚实的人才基础。

（四）智能物流在政策与法规领域的应对策略

在智能物流发展过程中，相关企业要避免可能的政策与法规风险，必须持续关注法规的变化，并采取相应的措施来适应这些变化。

1.密切关注政策和法规动态

智能物流相关企业应对智能物流领域的政策和法规进行持续跟踪和分析，了解最新的法律法规变化和政策倾向，及时调整企业战略和运营模式。

2.积极参与政策制定和立法过程

智能物流相关企业应积极参与相关政策制定和立法过程，向政府部门提供意见和建议，积极参与公共磋商和行业协商，推动政策和法规的制定与完善。

3. 加强合规管理和内部控制

智能物流相关企业应加强企业内部的合规管理和内部控制机制，建立健全的法律法规遵从体系，确保企业的经营活动符合相关法律法规的要求，降低合规风险。

4. 加强国际合作与交流

智能物流相关企业应加强国际合作与交流，与国际组织、行业协会和国外企业进行合作，共同探讨智能物流领域的政策和法规问题，促进国际标准的认可和合作交流。

5. 持续提升法律意识和风险防范意识

智能物流相关企业应加强员工的法律意识和风险防范意识培训，提高员工对法律法规的认识和理解，加强对法律风险的识别和防范能力。

商业实践案例　基于产地预冷的寿光农产品冷链物流管理

随着国民经济的蓬勃发展和生活水平的提高，人们更加注重农产品的新鲜度、口感和品质。我国农产品在流通和储存过程中存在损耗较大的现象。为了解决这一问题，政府大力引导农产品冷链物流设施的建设，特别是预冷库领域。下面以寿光农产品为例，介绍基于产地预冷的农产品冷链物流管理。

一、寿光农产品冷链运输情况

作为农产品重要产地的寿光市，面临着物流方式的选择问题：常温物流或冷链物流。选择哪种模式取决于季节和目的地的实际情况。例如，往北方运送的农产品，由于可能遇到的低温和其他环境因素，通常会采取物理手段，如用棉被包裹、使用保温膜等来确保产品的新鲜度；往南方运送的农产品，由于气候较热，更偏向于采用预冷后的冷链运输来保持农产品的质量。

现实中大部分农产品仍主要依赖常温物流进行流通。由于寿光市农产品的巨大产量以及销售中的时间延迟，农产品在仓库中的存储受到各种自然条件的限制，易腐品种出现腐烂。为了应对这种情况，部分高质量或易腐的农产品被优先选择放入冷库中进行储存和装箱，从而保障了农产品品质。

二、寿光农产品传统冷链物流模式

目前，我国主要的农产品流通模式有以下四种。

（1）自产自销模式（农户—农贸市场/社区—消费者）。这种模式指的是农民在产地附近的集市、农贸市场、社区出售自己种植的农产品。通常农产品集中产区会有村级农贸市场和农产品展销会，农民会将农产品直接运到菜市场直销，或者在集市、社区摆摊售卖。

（2）批发市场模式（农户—收购商—批发商—零售商—消费者）。这种模式是我国较常见、较传统的一种，之所以被称为"批发市场模式"，是因为在这种模式中批发市场占据主要地位。收购商到农户种植地收购农产品，或农户将采收的农产品卖给收购商，收购商收购一定数量之后通过批发市场卖给批发商，批发商再卖给各个地方的零售商，最后到消费者手中。

（3）农超对接模式[农户（农业合作社）—零售商（超市）—消费者]。在这种模式中，农产品加工企业或超市可以自己进行规划种植，也可以和农户签订合同，与农户确定收购的农产品和标准，后由企业或超市到农户种植处进行收购，经加工包装后销往下级。

（4）电子商务模式。电子商务模式即生产者通过电商平台与消费者直接进行交易，一般通过第三方物流进行配送。

寿光在农产品物流领域已经展现出了一种多元化的运营模式。其中，批发市场模式作为主导，主要依赖大型交易市场，方便大规模的买卖交易，可确保农产品高效流通。作为补充，企业与农产品超市的对接模式也开始崭露头角，它主要依赖大型企业与本地或远程的超市直接合作，可保障供应链的稳定性。电子商务模式充分利用了互联网技术，为农产品提供了线上销售渠道，可满足现代消费者的购物习惯。同时，自产自销模式保持了农产品的原生态特点，使生产者和消费者建立更直接的联系。这四种模式共同构成了寿光市独特的农产品物流格局。

随着社会经济的进步和市场化，寿光的传统农产品流通方式已经不适应其日益增长的市场需求，寿光需要向具有竞争力、可持续发展的方向发展。尽管寿光农产品的销售已经超越了传统的地域界限销往多国，但现行的模式不能有效地维护农产品的新鲜和质量，导致了高损腐率和巨大的浪费。此外，目前的模式缺乏对农产品包装、加工、运输、存储和检验等环节的深入参与，使得寿光市农产品的附加值受到限制，流通成本上升，对农民的收益增长影响较为有限。相比之下，发达国家已经采用了高效的流通方式，如预冷、冷藏等手段，大大减少了农产品在流通过程中的损失。

三、基于产地预冷的农产品冷链物流模式

产地预冷是指农产品在采收后立即在产地附近的设施中降低温度，保持最佳保存状态。这种人为的降温过程称为预冷，它的目的是保持农产品的新鲜度和品质。为了有效应对传统储存方式中存在的问题，农产品产地预冷库的建设显得尤为关键。通过这种预冷库，农产品可以得到更加适宜的温度处理，能够在后续的运输和贮藏中保持较佳状态。

（一）产地预冷冷链物流模式

产品产地预冷库建设之后的物流模式如下：农产品采摘完成后由农户自行选择是否送去预冷库和送往哪一个预冷库，在预冷前对农产品进行简单的挑选和包装，随后送进预冷库预冷，预冷完成后放到暂存区等待冷链运输车辆到达。如果某个预冷库的数量和品类已经满足某个订单，

那么将由冷链运输车直接送到销售点，如果不满足条件或者车辆满载率太低，则送至集中冷库进行存储，然后通过电商平台或合作商户进行外销。农产品产地预冷库冷链物流模式图如图 8-3 所示。

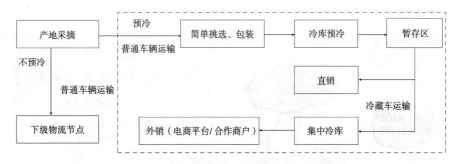

图 8-3 农产品产地预冷库冷链物流模式图

（二）产地预冷模式特点和适用情境

产地预冷为农民提供了一个更便利的选择，降低了农产品长时间储运中出现的损耗。及时的预冷可以确保农产品的品质和新鲜度得到最大限度的保留。相比之下，直接将农产品运送到冷库可能会错过其最佳的预冷时间，而且高初始温度还可能对冷库内的其他产品造成不良影响。产地预冷库的存在有效地解决了这些问题，进一步提升了农产品的品质和其在市场上的竞争力。

产地预冷有助于减少因温度引起的农产品损失，有效降低损腐率，从而延长其保质期并提高价值。这一过程还带来了预冷和简单包装等附加环节，为当地提供了更多的就业机会。预冷的农产品还有潜力出口到其他国家，进一步提升收益。因此，产地预冷不仅确保了农产品的全程管理，还可助力农业的升级和持续发展。

我国的村镇是农产品的主产地，但由于其与市场的距离和分散性，生鲜农产品的新鲜度难以保证。预冷库为此提供了解决方案，允许在产地对农产品进行及时预冷，推进了农产品冷链物流的整体发展。

四、农产品冷链物流信息系统

农产品冷链物流信息系统由冷链仓储和冷链运输两个部分组成，如图 8-4 所示。

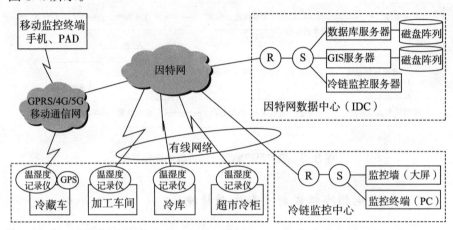

图 8-4　农产品冷链物流信息系统

（一）冷链仓储

冷链仓储中心由冷库、温度传感器、信号传输设备和信息采集装置等组成。冷藏库系统包括视频探头、温湿度传感器、货架、RFID 感温电子标签、制冷设备、叉车等。冷库的功能有温度控制、湿度监控与报警等。

系统具体组成如下：

第一，RFID 感温电子标签大量安放在货架上，定时采集周围存储环境的温湿度，采集的频率可以预先设定。

第二，冷库中的 RFID 读取器定时读取 RFID 感温电子标签，可以根据用户需要设定采集频率和采集范围，提高效率。

第三，RFID 读取器的检测数据通过有线网络或者无线网络实时传输到 RFID 中间件服务器。中间件服务器负责软件系统和 RFID 硬件设备之间的通信，对输入数据进行过滤、存储和整理后上传至信息中心的中央服务器，然后由专用管理软件对采集的原始数据进行处理。

（二）冷链运输

冷链运输用到的车辆（图 8-5）主要包括三部分：① GPS 车载终端；②温湿度传感器；③ GPRS 传输设备。

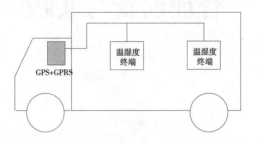

图 8-5　冷链运输车辆

第九章　大数据环境下智慧物流管理创新与实践

第一节　大数据与智慧物流

一、大数据

（一）大数据的概念

大数据（big data）是一个抽象的概念，除去数据量庞大，大数据还有一些其他的特征，这些特征决定了大数据与"海量数据"和"非常大的数据"这些概念之间的不同。一般意义上，大数据是指无法在有限时间内用传统 IT 技术和软硬件工具对其进行感知、获取、管理、处理和服务的数据集合。目前，虽然大数据的重要性得到了大家的一致认同，但是关于大数据的定义众说纷纭。

2010 年，Apache Hadoop 组织对大数据下了一个定义："普通的计算机软件无法在可接受的时间范围内捕捉、管理、处理的规模庞大的数据集。"在此定义的基础上，2011 年 5 月，麦肯锡全球研究院发布了《大数据：下一个创新、竞争和生产力的前沿》报告，在报告中对大数据的定义进行了扩充，指出大数据是大小超出了典型数据库软件的采集、存储、管理和分析等能力的数据集。

（二）大数据的特征

大数据是近年来信息技术领域中的一个热门概念，它不仅仅是指数据的大量，还涉及数据的其他多种特性。以下是大数据的一些主要特征。

1. 量级（volume）

随着社交媒体、物联网设备、移动应用等的普及，每天都有巨量的数据产生。这些数据的规模远远超过了传统数据库管理系统的处理能力。

2. 多样性（variety）

大数据有多种来源，并且存在于多种格式中，包括结构化的（如数据库中的数据）、半结构化的（如 xml 文件）和非结构化的数据（如文本、图片、视频等）。处理和分析这些不同类型的数据需要新的方法和技术。

3. 速度（velocity）

数据产生和收集的速度非常快。例如，社交媒体每分钟产生数十万条消息和评论，物联网设备实时发送数据。因此，大数据技术必须能够实时或接近实时地处理这些数据。

4. 真实性（veracity）

数据来源多样，其质量和准确性可能会受到影响，因此不仅要处理大量数据，还要处理不准确、不可靠或有歧义的数据。确定数据的真实性是大数据分析中的一大挑战。

5. 价值（value）

尽管数据的规模巨大，但真正的挑战在于从中提取有意义的信息。数据的价值并不总是显而易见的，需要复杂的分析和解读。正确地提取和利用这些数据可以为企业或组织带来巨大的经济价值和竞争优势。

6.复杂性（complexity）

大数据往往涉及多个数据源，这些数据源之间可能存在关联性，因此识别、连接、清洗和转换这些数据以供进一步分析和利用较为复杂。

大数据的这些特征导致传统的数据处理和分析方法变得不再适用，需要新的技术、工具和框架来满足大数据的处理和分析需求。

二、智慧物流

（一）智慧物流的概念

2009 年，IBM 提出了一个具有先进、互联和智能三大属性的未来供应链概念——智慧供应链。它通过传感器、RFID 标签、CNSS/GPS 和其他设备产生实时信息。此概念的提出进一步催生了"智慧物流"的诞生。与仅仅强调建立虚拟互联网管理体系的智能物流不同，"智慧物流"更加强调物联网、传感网与互联网的整合。它旨在通过细致、动态和科学的方式管理，使物流实现自动化、可视化、可控化、智能化和网络化，从而提高资源效率、增强生产力，并为社会创造更大价值。

中国物联网校企联盟将智慧物流描述为一种模拟人类智能的物流系统，该系统融合了集成的智能技术，使得它能够像人类一样思考、感知、学习、推理并独立解决物流过程中的问题。这种物流方式侧重于流程中的信息获取与分析，确保商品从源头开始就被持续追踪与管理。其目标是使信息流动的速度超过实物流动的速度。为实现这一目标，该系统采用 RFID、传感器和移动通信技术，以促进货物的自动化、信息化和网络化配送。

国务院发布的《物流业调整和振兴规划》提出推进物流管理的信息化，并鼓励广泛应用全球定位系统、地理信息系统、智能交通系统等新技术，并对物流信息系统安全进行研究。不久后，国务院办公厅印发的《关于促进物流业健康发展政策措施的意见》再次强调了物流新技术的自主研发，并特别支持货物跟踪、无线射频识别、智能交通等关键技术的攻关，提议适时开展物联网在物流领域的示范应用。这两份政策均在国家层面强调了地理信息系统等关键技术在物流信息化中的重要性。

（二）智慧物流的发展阶段

1. 物流信息化

在物流信息化的发展过程中，企业着重建立各类管理系统，如运输、仓储、配送及整体物流管理系统，为物流活动的各环节提供信息支持。这些系统可以对运输、仓储、配送等方面的信息进行整合和优化，从而确保信息的准确性和实时性。企业采用条码和 RFID 等自动识别技术，对货物信息进行高效采集并与相应的物流系统进行整合，同时通过先进的自动化技术，如自动化立体仓库，提高仓储管理的效率和准确性。总体来说，物流信息化重点利用现代技术对运输、仓储、包装、装卸、流通加工等环节的信息进行全面采集和管理，确保各方能实时了解相关数据，如货物状态、车辆位置和仓库容量，从而达到更高的物流效率，实现智慧感知。

2. 物流智能化

物流智能化主要突出自动化执行，不具备真正的"智慧"。例如，在电商物流中，当消费者下单后，仓配中心的智能分拣系统会自动地按照设定的程序进行分拣作业。这一阶段的物流智能化关键在于部分物流流程（如分拣、包装和运输）的自动化操作，可利用物流机器人、无人机和自动分拣系统提高效率。尽管它能够提高某些局部流程的效率，但它仍然受限于单纯的执行预设命令，而缺乏真正的数据处理和运算能力。

3. 物流智慧化

物流智慧化意味着为物流赋予与人类类似的思维和决策能力，在大数据的背景下，这种"智慧"能够运用机器学习等技术，精确预测特定产品在某地区的需求，进而助力商家和物流公司实施智能分仓和预备货策略。此外，它可以根据各种特定标准，如成本、响应速度、服务水平和碳排放等，进行风险评估和预测性分析，协助企业制定明智的物流决策并提供最优解决方案。智慧物流的核心特点在于其由大数据驱动、实现自动化运作并能够实现供应链的完整整合。整合供应链意味着智慧物流不仅能够连接生产和消费，而且能够通过预测数据，引导企业在物流、生产、采购等方面达到更高的协同效益。

（三）智慧物流的作用

1.有助于推动物流行业提质增效降本

智慧物流利用互联网、大数据和人工智能技术，高效整合货物、车辆、仓库及消费者之间的关系，实现更有序的连接。它优化了车辆、仓储和人力等社会物流资源，借助整体和规模效益，进一步推进物流业的综合发展，实现了物流行业的成本降低和效率提升。

借助智慧物流，企业有选择性地将物流业务外包，从而获得超越自身运营的效率。这不仅能刺激消费增长，还能有效降低物流成本，进而增强企业的盈利能力。

2.有助于提升企业经营的智慧化

随着 RFID、传感器和物联网技术的迅速发展，各种设备和系统之间的互联互通变得越来越紧密。这为企业的物流、生产、采购和销售系统的深度整合和智能化打造了坚实的基础。在此背景下，智慧生产与智慧供应链不可避免地走向融合。这种融合使得企业物流不仅是单一的功能部门，而是完全与企业经营策略相结合，消除了传统的工序和流程障碍。通过这种方式，企业的生产、供应和销售环节得以完美结合，有助于实现更高层次的企业智慧化运营。

3.有助于促进民众消费

智慧物流技术为消费者提供了从货物源头开始的自助查询和实时跟

踪功能，特别是对于食品类产品，它的透明性使消费者更加信赖产品的安全性和质量，对整个市场环境产生了积极的、健康的影响。

第二节 大数据背景下智慧物流的运作及服务

一、智慧物流运作框架

（一）大数据背景下企业数据管理

大数据技术为传统产业带来了前所未有的变革和机遇。大数据并不只是一项先进的技术手段，它更代表了一种革命性的思维转变，要求人们从新的角度看待问题和机遇。

1. 数据原始积累

大数据的形成依赖长期而系统的数据积累。企业只有在持续的日常运营中累积真实、原始的数据，才能形成大数据的价值。数据积累的过程可比作"飞轮效应"：初期可能显得困难且容易被忽略，但随着时间的推移，数据的增长速度会迅速加快，使得积累的数据量呈爆发性增长。这些日益增多的数据不仅代表企业的宝贵财富，更是企业未来发展的坚实基础。这些数据存在多种类型，并可能以结构化或非结构化的方式展现，因此管理和分析它们是一项巨大的挑战。

2. 数据优化业务

（1）对数据进行整合。单独的、分散的数据很难发挥其潜在价值，数据的综合价值显著超过其单独价值的总和。只有当这些数据被有效整合，打破数据孤岛的局面，人们才能充分利用数据，从中提取有意义的信息，深入挖掘潜在机会和价值。

（2）数据完整呈现。在过去的传统模式中，企业的决策主要依赖人们的经验和直觉，但随着大数据时代的到来，数据的积累与整合变得至关重要。这些整合后的数据提供了一个完整、清晰的场景，使人们能够看到数据的流动路径和模式，以及业务间的连接方式。这种透明性意味着企业不再仅仅依赖个体的经验，而是可以利用大量的数据和分析来做出更科学的决策。

（3）实现精准预测。依据数据所揭示的信息，人们可以对传统业务进行调整和整合。这样的整合有助于提升业务的运行效率，对原有的业务流程进行优化，并确保资源得到有效的配置和利用，从而实现业务效益。

3.数据整合产业链

数据更深层次的价值在于其已成为企业的核心资产和新的生产要素。企业正转向如何创新地运用这份资产，最大限度地发掘数据价值，并寻找新的商业机会。企业累积丰富的行业数据，不仅能获得对所在行业的深入理解和洞见，更能掌握独特的生产资源。这些掌握大数据的企业很可能成为行业的领导者和行业规则的制定者。它们可以突破传统的行业界限，向外部拓展。从产业链视角看，这样的企业有潜力在产业链中上游进一步崛起，同时对下游进行控制，实现整个产业链的完整整合。

（二）大数据背景下智慧物流运营流程

在大数据时代，智慧物流依赖物流信息的捕捉、推送、处理、分析和预测技术来运营，展现出集成、网络、移动和智能化等特点。智慧物流整体运作的关键流程包含数据的采集、储存、应用以及为客户提供的服务，具体如图9-1所示。

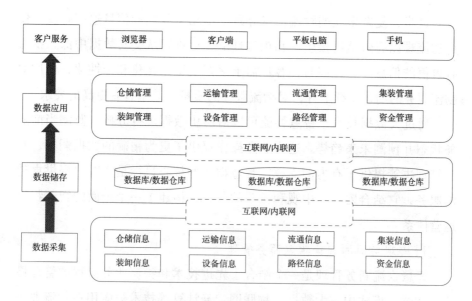

图 9-1　大数据背景下智慧物流运营流程

　　智慧物流的运营先利用物流数据感知与采集工具，通过 RFID、CNSS/GPS、GIS、红外传感器等技术采集物流现场数据，通过移动互联网、有线网络、卫星等与云计算中心进行即时的、分时的或离线的数据交流；然后通过网络将物流数据传递到数据中心，所传输的数据包括普通物流数据、物流管理数据、物流金融数据和物流设备数据，这些数据以格式化或非格式化的形式体现；接着通过虚拟化等技术实现物流数据的存储，运用数据分析、关联、挖掘等处理技术对数据进行计算与整合，对物流所需软件、设备、物资进行资源化管理；最后根据数据中心提供的数据整合掌握更加清晰的物流企业运营状态，为物流企业管理者掌握企业发展动态提供科学和翔实的数据。物流企业可以通过客户端应用收集和发布物流信息，而物流客户则可以利用 PC 浏览器、平板或手机APP 查看物流的实时状态。

（三）大数据背景下智慧物流运营框架

　　传统物流模式因其高成本、低效率及缓慢决策已经难以适应现代物流的进步，复杂多变的物流信息导致了活动重复性和信息追踪难度，使得物流难以有效地链接生产和销售环节，也难以从交易数据中深入挖掘有价值的信息。与此同时，客户需求逐渐变得多元化和个性化，他们对物流服务的期望持续上升，对物流服务的质量和效率有着更高的要求。

通过大数据技术，智慧物流可以对历史数据进行分析，监测当前业务状态并预测未来趋势。这为业务操作提供了更为精确的数据洞察，并为管理决策提供了有力的支撑。智慧物流的核心目标是为客户提供卓越的服务，它结合宏观、中观和微观的分析，构建了一个全面的智慧物流运营体系。

1. 宏观层面的智慧物流商务管理

智慧物流商务管理是一个结合了先进技术和物流业务流程的管理模式，在这一模式中，大数据、物联网、云计算等技术被应用在物流业务的各个环节。这不仅提高了效率，还为企业节省了成本，智慧物流系统能够实时监控货物流通、预测需求并提前做出响应，确保供应链的稳定和高效。此外，该系统支持多渠道的客户服务，能够满足不同客户的个性化需求，从而实现物流服务的最优化，推动业务增长。

2. 中观层面的智慧物流供应链管理

智慧物流供应链管理融合了最新的技术手段和供应链管理策略，利用大数据、物联网、人工智能等技术，对供应链中的数据进行实时捕捉、分析和优化。从原材料的采购到产品的最终交付，每一环节都被精确地监控和调整，确保物资流动的高效和及时。同时，智慧供应链强调与各参与方的深度协同，确保整个链条的透明度和响应速度，旨在提高整体供应链的竞争力和客户满意度。

3. 微观层面的智慧物流业务管理

智慧物流业务管理强调从物流企业的视角整合并优化库存、运输、包装、配送等环节。与传统物流不同，其在大数据支持下追求业务流程的一体化，提供整合性的服务，这种管理方式旨在通过技术重塑和优化物流业务，实现简化、高效的业务流程。借助大数据，物流过程如仓储和配送都被有效控制和可视化，促使流程整合和协同，这不仅降低了成本，还提高了服务质量和效益。

二、智慧物流服务模式

（一）智慧物流服务模式分类

1. 一体化服务模式

一体化服务模式以信息平台为核心，为满足客户需求，提供从原材料采购到成品分销的全程供应链解决方案。这种服务模式不仅是将各个物流功能汇总，而且为客户提供完整的、综合的物流解决方案。在该模式中，服务提供者不仅作为物流参与者出现，更重要的是作为物流责任人，对整个物流过程进行统一设计、管理和整合。

2. 网络化服务模式

网络化服务模式依赖互联网和实体网络结构，旨在将散落的物流资源进行高效整合，这种模式利用网络信息平台，将分散的物流信息资源统一起来，为物流企业打破地理上的限制，提供了一个共同的平台来互相交流和合作。这不仅促进了物流企业之间的优势互补，还能够保证各个环节的智慧物流服务通过网络平台无缝连接，这种整合有助于达到物流服务的全过程联动，确保流程的连续性和高效性。为了整合并优化各类物流服务，网络化服务模式以满足用户需求为基石，旨在提供智慧高效的物流服务。这促使智慧物流服务从规模化、综合化向更为自动化和信息化的方向发展。

3. 虚拟化服务模式

智慧物流的虚拟化模式是一种借助先进信息技术将物理资源、操作和服务抽象化、集中化的方法。在这种模式下，各种物流资源如仓储、运输和分发，可以通过虚拟平台在数字化环境中进行管理和调度，而无须与实际的物理位置和设备直接关联。这不仅提高了资源的灵活性和利用率，还能够为用户提供更加个性化、高效的服务。虚拟化模式可以有效减少实际操作中的冗余和错误，同时通过云计算、物联网等技术，实现资源的即时共享和优化，推动物流行业朝着更为智能、高效的方向迈进。

（二）典型智慧物流服务模式

智慧物流服务通常采用平台模式，主要包含四种细分模式：一是基于服务导向架构（SOA）的物流服务模式，二是基于物联网的物流服务模式，三是基于大数据的物流服务模式，四是"云物流"服务模式。这些模式各有特色，为物流服务提供了不同的技术支持和优化路径。

1.基于SOA的物流服务模式

基于SOA的物流服务模式是一种创新的物流管理方法，强调将物流活动分解为独立、可重用的服务模块。在此模式下，各个物流功能，如运输、仓储和配送，被封装为独立的服务，每个服务都有明确定义的功能和接口。这种设计使得各服务之间可以灵活组合，满足不同的业务需求。SOA模式促进了物流系统的标准化和集成，提高了系统的扩展性和可维护性。此外，该模式还利于技术更新、系统升级和跨平台的集成，为物流企业提供了更为高效和响应迅速的服务能力。

2.基于物联网的物流服务模式

基于物联网的物流服务模式是现代物流管理的新趋势，将传感器、射频识别标签、CNSS/GPS等技术融入物流流程中。在此模式下，每一物品和物流设备都可以实时发送和接收数据，从而实现对货物的实时追踪和监控。这种模式提高了物流的透明度，使得供应链相关方可以获取准确、实时的货物信息。简言之，物联网为物流行业带来了更高的自动化、精确性和响应速度，从而提高了服务质量和客户满意度。

3.基于大数据的物流服务模式

基于大数据的物流服务模式重点利用海量数据来优化和增强物流

服务，收集、分析和处理从各个物流环节产生的数据，如运输路径、仓库状态、客户需求和交付时间等，使企业能够更深入地了解和预测市场趋势、客户行为和潜在风险。这种模式使物流企业能够进行更为精确的库存管理、更优化的运输调度，从而缩短响应时间。

4."云物流"服务模式

"云物流"服务模式是利用云计算技术对物流服务进行创新的方式。在此模式中，物流资源、信息和服务都集中在云平台上，允许企业和客户按需使用，大大提高了物流资源的灵活性和效率。通过云平台，物流企业可以实现数据的快速存储、处理和分享，加强各环节之间的协同和通信。此外，云物流能为中小型物流企业提供强大的技术支撑，使其无须大量投资即可享受先进的物流管理工具和服务。

第三节 大数据环境下智慧物流管理面临的挑战与对策

随着科技进步和数字化转型，智慧物流深刻地改变了物流和供应链的传统模式，正在成为物流行业的核心驱动力。智慧物流结合了大数据、云计算、物联网和人工智能等技术，为现代物流提供了全新的思路和解决方案，为企业和消费者带来了更高效、灵活和智能的服务。但在发展的过程中，智慧物流也面临着一系列的挑战。

一、智慧物流管理面临的挑战

（一）智慧物流在技术与系统领域面临的挑战

1.数据安全性

随着物流行业对大数据、物联网和云技术的广泛应用，大量的物流数据和用户信息被存储、处理和传输。这给黑客和恶意攻击者提供了众多的入侵机会，尤其是在当前的数字化时代，一次数据泄露或被窃取，都可能给企业带来巨大的经济损失。因此，如何确保数据的安全性，防范各种网络攻击，是智慧物流必须面对的重要问题。

2.高质量应用

虽然头部物流企业已经在应用大数据和人工智能，在智慧物流领域开创了一些典型应用，也取得了不错的效果，但打通物流全链条，实现智慧物流在交通、运输、仓储等各细分领域的应用尚显不足。

3.技术标准和平台互联

智慧物流涉及多个环节和多种技术，各种设备、系统和平台往往存在标准不一、互不兼容的情况，其面临的挑战如下。一是标准化的缺乏：智慧物流涉及多种技术和系统，但缺乏统一的技术标准和规范，这导致不同系统之间的互操作性差，阻碍了智慧物流系统的整合和发展。二是平台互联的复杂性：智慧物流涉及多个参与方，包括供应商、制造商、物流服务提供商等，每个参与方使用不同的技术平台和系统，使得平台之间的互联变得复杂和困难。三是技术更新换代的快速性：智慧物流涉及的技术和系统更新换代非常快，新的技术不断涌现，旧有技术很快就会过时。这给平台互联带来了挑战，需要不断适应和整合新的技术和系统。四是供应链的复杂性：智慧物流涉及整个供应链的各个环节，包括采购、生产、仓储、运输等，供应链的复杂性增加了平台互联的难度，需要解决不同环节之间的信息流畅和数据共享问题。

（二）智慧物流在投资领域面临的挑战

由于技术更新的速度非常快，物流企业需要不断地投资新技术，才能跟上行业的发展步伐。这意味着物流企业需要持续地进行技术研发、设备更新，这无疑增加了企业的运营成本。

1.高投资成本

实施智慧物流需要大量资金投入，涉及信息基础设施建设、物联网设备采购、数据分析软件购置等方面的高成本投资。

2.技术更新和升级

物流行业技术发展迅速，新技术不断涌现，物流企业需要不断进行技术更新和升级，以保持竞争优势。

（三）智慧物流在人才领域面临的挑战

随着智慧物流的发展，人们对从业人员的要求在不断提高，传统的物流操作员和驾驶员可能会被自动化技术替代，需要更多的技术和数据分析人才。

1.技术人才的匮乏

智慧物流需要涉及物联网、大数据分析、人工智能、机器学习等领域的技术人才，而这些领域的人才相对稀缺，市场竞争激烈。智慧物流不仅需要技术人才，还需要具备跨学科能力的人才，这些人才要能够理解物流、供应链、商业运营等多个领域的知识，并将技术与业务相结合。

2.行业经验的缺乏

智慧物流是一个新兴领域，很多人才缺乏相关的行业经验和职业积累，这给人才招聘和培养带来了一定的难度。

（四）智慧物流在政策与法规领域面临的挑战

1.隐私保护和数据安全

物流大数据涉及大量敏感信息，包括个人身份、交易记录、位置数据等，面临数据泄露、滥用、盗用等安全风险，如何保护用户隐私和数据安全是重要挑战。

2.数据收集和使用规范

政府和企业需要建立规范的数据收集和使用制度，明确数据收集的目的、范围和方式，限制数据的滥用和非法使用，保障用户数据权益。

3.数据共享与开放

物流大数据涉及多个部门和企业，如何实现数据的安全共享和开放共享，如何建立跨部门、跨行业的数据共享机制，促进数据资源的充分利用，是智慧物流面临的一大挑战。

4.跨境数据流动

物流大数据的流动涉及跨境传输和存储，不同国家和地区的数据法规和标准存在差异，如何解决跨境数据流动的法律和安全问题是一个挑战。

5.数据所有权和责任界定

物流大数据涉及多方利益相关者，如何界定数据的所有权和责任归属是一个挑战。

6.法律法规的滞后性

技术发展迅速，法律法规往往比技术的发展滞后，如何及时跟进和制定相关法规，保障用户和物流大数据的合法合规使用是一个挑战。

7.数据匿名化和脱敏处理

为了保护用户隐私和数据安全，需要对物流大数据进行匿名化和脱敏处理，但如何在数据处理过程中保持数据的有效性和可用性是一个挑战。

二、智慧物流管理应对策略

（一）智慧物流在技术与系统领域的应对策略

1.建立数据安全机制

在当今的数字化时代，物流数据已经成为物流企业的核心资产之一，涉及客户信息、业务流程、市场策略等敏感内容。因此，保护这些数据的安全和完整性变得至关重要。企业应加强数据加密，确保数据在传输和存储过程中不被非法窥探或篡改。同时，定期的数据备份是防止数据丢失的关键，能够帮助企业在遭受系统崩溃或恶意攻击时迅速恢复业务的正常运行。建立严格的数据访问和使用规定也显得尤为关键。这不仅意味着要限制非授权人员访问数据，还要确保数据使用的合规性，避免数据滥用或泄露。通过这些综合措施，企业可以确保其数据资产得到有效保护，同时维护自己的声誉，以赢得客户的信任。

2. 加强大数据在智慧物流中的应用研究

鼓励物流企业与 IT 企业进行交叉合作研究具有深远的意义，这不仅可以打破传统的行业界限，还能激发出新的创新和思考，进而形成独特的业务模式和解决方案。交叉合作可以为企业提供更多的资源和知识，助力其应对快速变化的市场环境，同时促进多领域的知识互补与共享，为物流企业和 IT 企业双方带来更多的竞争优势。

3. 技术标准和平台互联

在智慧物流中，实现系统之间的良好互操作性和协同工作至关重要。一是制定行业标准：各个行业参与者可以合作制定统一的技术标准，确保在整个供应链中各个环节采用相同的规范。这有助于提高技术的互操作性，降低整合成本。二是采用开放式标准和协议：选择开放式的技术标准和协议，能使不同供应商的设备和系统更好地互相通信。例如，使用开放式的应用程序接口（API）能够促进系统之间的集成。三是推动产业联盟和合作：可以建立产业联盟或合作伙伴关系，促进不同企业、供应商和服务提供商之间的合作，共同努力解决技术标准和互联性的问题。四是采用中间件和集成平台：可以使用中间件和集成平台来连接不同的系统和设备，这样的平台可以充当桥梁，使不同技术、协议和标准的设备能够无缝协同工作。五是利用新兴技术：利用新兴技术，如区块链和物联网，来建立更加通用和安全的技术基础设施，可以推动智慧物流系统的互联性。六是加强供应链管理和协同合作：加强供应链管理和协同合作，建立良好的供应链关系和合作机制，能促进供应链各个环节之间的信息共享和协同工作。

（二）智慧物流在投资领域的应对策略

物流企业在进行设备和系统投资前，需要审慎评估市场前景、风险因素和投资回报，制定合理的投资策略，以应对挑战并实现可持续发展。深入的市场研究和成本效益分析是不可或缺的步骤。市场研究有助于了解需求、竞争和趋势，确保投资与市场需求相符，成本效益分析可以评估投资的潜在回报，包括降低成本、提高生产力和增加利润的可能性。这种综合分析可以帮助企业做出明智的决策，确保投资是明智和可持续的，有助于未来的成功。

（三）智慧物流在人才领域的应对策略

为了缓解人才短缺的问题，企业应更积极地与高等教育机构和研究机构建立紧密的合作关系，也可以通过提供有竞争力的薪酬和福利，吸引成熟人才。

1.人才培养和发展

企业应建立完善的培训计划和发展路径，帮助现有员工掌握所需技能，同时吸引新人才加入。这可以通过内部培训、外部培训课程、研讨会、行业会议等形式实现。

2.建立合作关系

企业应与高等教育机构、研究机构和行业组织合作，共同开展人才培养项目、研究项目，提供实习和实践机会，以培养和吸引更多的人才。

3.提供有竞争力的薪酬和福利

企业应设计具有吸引力的薪酬和福利计划，包括薪资、奖金、福利待遇、灵活的工作安排等，以留住优秀人才。

4.持续创新和技术更新

企业应持续投资技术研发，吸引技术人才参与具有挑战性和前景的项目中，保持行业竞争力。

5.加强行业交流和合作

企业应参与行业协会、组织或社区，与其他企业和机构分享经验和实践，扩大人才网络，共同应对行业挑战。

（四）智慧物流在政策与法规领域的应对策略

智慧物流在政策与法规领域面临诸多挑战，需要政府、企业和社会各界共同努力，建立健全的法律法规体系，保障用户数据权益，促进物流大数据的安全、合规和可持续发展。智慧物流在政策与法规领域的应对策略如下。

1.深入了解政策法规

对物流大数据领域的相关政策法规进行深入了解，包括数据保护法律、隐私保护法规、网络安全法规等，了解其适用范围、要求和具体内容。

2.建立合规管理体系

在企业内部建立健全的合规管理体系，明确数据收集、处理、存储、传输等方面的规范和流程，确保企业行为符合相关法律法规要求。

3.加强隐私保护与数据安全

加强对用户隐私和数据安全的保护措施，采用加密、脱敏、匿名化等技术手段保护用户个人信息的安全，防止数据泄露和滥用。

4.建立数据治理机制

建立完善的数据治理机制，明确数据的所有权、责任和使用权限，建立数据访问审批机制和数据使用日志，加强对数据流动和使用的监控和管理。

5.加强人员培训与意识教育

加强员工的法律法规培训和隐私保护意识教育，提高员工对数据安全和隐私保护的认识，加强对数据合规和安全管理的执行力度。

6.积极参与政策制定与诉求表达

积极参与政府部门组织的政策磋商和行业协会的活动,向政府部门提出合理的诉求和建议,推动政策法规的完善和修订,保障企业合法权益。

7.加强合作与共享

加强企业内部和跨界合作,共享信息资源和数据技术,形成共建共享的数据生态系统,促进数据的安全流动和合理利用。

8.引入专业法律顾问支持

引入专业的法律顾问或律师团队,及时了解和解决法律法规方面的问题和风险,为企业的合规经营提供法律支持和保障。

尽管智慧物流为人们带来了前所未有的机会,但其发展的道路并不是一帆风顺的。物流企业需要认真面对这些挑战,采取切实的策略措施,确保在应用新技术开展管理创新的同时,保障物流管理的稳定和可持续发展。

商业实践案例 基于大数据的 F 公司仓储物流管理

一、企业简介

F 公司成立于 2017 年,是一个独立的、全方位、高效的物流网络。F 公司不仅为本公司平台上的商品提供配送服务,还向其他商家和消费者开放其物流能力,为他们提供仓储、配送、售后等一系列综合物流解决方案。F 公司的网络覆盖全国,拥有大量的物流中心、分拣中心、配送站点等,确保商品能够迅速、准确地送达消费者手中。

二、F 公司的自营物流模式与第三方物流模式

（一）自营物流模式

自营物流是指企业除主要业务外，还独立运营物流业务，由其全资或控股的子公司承担。这样的物流子公司专注于企业的物流需求，并拥有完整的物流运营体系。自营物流具有四大优势：①对物流的完全控制权；②提升品牌价值；③提高客户满意度；④高度的针对性和适应性。特别在电商领域，自营物流成为企业的独特卖点，增强了其在市场中的竞争力。

自营物流模式能够确保企业对商品的质量、存储条件和配送速度进行全程监控，大大提高了服务的质量和效率。在仓储方面，F 公司拥有遍布全国的大型智能化仓库，这些仓库配备了先进的自动化设备，能够快速准确地处理大量的订单。借助大数据和 AI 技术，F 公司还能够对商品的存储和流转进行智能优化，进一步提高仓储效率。在配送环节，F 公司拥有一支庞大的配送团队和先进的物流设备，无论是大城市还是偏远乡村，都能够在短时间内完成配送，为消费者提供快速到货的购物体验。自营物流模式为 F 公司创造了独特的市场地位，使其在电商竞争中拥有了显著的优势，也为消费者带来了更高效、更贴心的购物体验。

（二）第三方物流模式

如今，F 公司将其先进、高效的物流体系对外开放，形成了第三方物流模式。

在第三方物流模式下，F 公司向其他电商平台、线下零售商、企业等提供全方位的物流服务，包括仓储、配送、售后等环节。无论是大型企业还是小微商家，都可以根据自己的需求选择和定制服务。凭借其广泛的分布式仓库网络、先进的物流技术以及快捷的配送能力，F 公司在

第三方物流领域获得了竞争优势。

F公司在技术层面也进行了大量的创新，借助大数据、AI等技术，它实现了对物流流程的智能优化，从货物的入库、存储、到最后的配送，每一个环节都追求高效与准确。这不仅提高了服务的质量，还为客户节省了大量成本。

三、基于大数据的仓储物流管理

在大数据时代，F公司充分利用了大数据技术，为其业务带来了巨大的变革和提升。无论是自动化的仓储系统、无人机配送，还是智能路由算法，都反映了其在物流技术领域的领先地位。

在供应链管理方面，F公司通过分析大数据，能够预测市场需求，从而为商家提供更准确的库存管理和配送建议，这不仅降低了库存成本，还能够确保商品及时送达消费者。借助大数据的实时分析能力，F公司优化了配送路线，通过对交通、天气、订单量等多种因素的综合分析，智能算法可以为配送员提供最佳的送货路线，大大提高了配送效率。F公司利用大数据分析消费者的购物习惯和偏好，以便提供更为贴心的配送时段选择，增强了消费者体验。F公司还利用大数据进行风险预测和管理，通过对历史数据的挖掘，能够提前发现可能的风险，如货物损坏、延误等，从而采取预防措施，确保物流服务的稳定性。

F公司拥有全品类的仓库、物流网络及密集的终端配送系统。基于这三个维度，在物流系统中，每天都在产生数以亿万计的实时作业数据，这些真实有效的数据是构建人工智能算法平台的基础，能够实现平台的自主进化和推演，帮助企业选择出符合业务模型的算法模型，从而让执行系统实现真正意义上的智能。

（一）科学库存布局

电商企业向全品类扩张时必然面临一个问题——如何在全国范围内

进行合理的库存布局，以此实现成本和效率之间的最优化。库存布局包含两个方面：第一个方面是在各个仓库里面放哪些品类的商品，如何在跨仓之间解决高拆单率的问题；第二个方面是在同一个库内，哪些商品放在一起是最合适仓储作业的问题。通过大数据可以解析出不同的季节、不同的区域，订单和商品的关联度，系统可以知道哪些商品会非常频繁地被同一个客户下单购买，然后通过智能算法，形成独有的对于商品的第四级分类，该分类方式能够帮助企业更好地实现物流服务水平和成本之间的最优。

对于仓储系统来说，构建起一个基于时间序列的数据立方体，建立稳定可信的商品关联度，在此基础上集中应用先进算法，形成全品类商品布局解决方案至关重要。该方案要能够精细化梳理数百万存货单元（SKU）在众多库房中的布局结构，在仓间级、仓内级、巷道级三个维度，系统性地推动运营体系商品布局最优化。

（二）拣货路径优化

在拣货过程中，一般是由系统下传拣货集合单给拣货人员，由拣货人员按照集合单上的商品顺序依次完成拣货作业。F公司原有的仓储系统虽然采用订单的批次处理策略，但主要依赖仓库人员的经验，人工设置筛选条件来生成拣货集合单任务，从而造成拣货位置分布极其分散、拣货行走路径冗长、拣货路径选择不合理等问题，严重阻碍了仓库的运转效率。

利用大数据和人工智能，F公司的WMS系统可以根据商品的历史出库数据和储位数据情况来进行自我学习，对具有相似属性的订单进行地理位置上的分类，将局部区域的订单集中在一起，用算法规划最优拣货路径，提升仓库的运转效率。

（三）智能单量预测

通过大数据预测技术，F公司可以挖掘出消费者的消费偏好及习惯，预测消费者需求，从而将商品物流环节和客户需求同步进行，将商品提前布局到消费需求周围，并预计运输路线和配送路线，缓解运输高峰期的物流压力，提高客户的满意度和客户黏度。目前，F公司已经将销售预测和销售计划相结合，建立了一套独有的智能单量预测系统。该系统基于实时计算的大数据平台，主要通过对历史销售数据的学习，自动抓取营销方案，可预测某商品未来的销售单量，输出叠加的单量预测。

（四）仓储作业人效提升

F公司已经开始采用基于大数据的人工智能和自动化技术来解决人效问题。在"亚洲一号"系列仓库中，F公司投入使用了大量的自动化立体仓库（AS/RS）、输送线、自动分拣机等物流自动化设备，在这些环节提高了库内作业效率；在无人仓中，F公司利用数据感知、机器人融入和算法指导进行生产，改变了以前仓储的运行模式，提升了效率。

在这些人工智能和自动化设备背后，大数据支撑的算法是核心和灵魂。在上架环节，算法将根据上架商品的销售情况和物理属性，自动推荐合适的存储货位；在补货环节，补货算法的设置让商品在拣选区和仓储区的库存量分布达到平衡；在出库环节，定位算法将决定适合被拣选的货位和库存数量，调度算法将驱动合适的搬运。大数据使得F公司能够有足够大的信心去迎接因为消费升级而带来的更大规模的物流交付体系的压力。

四、基于大数据的京东仓储车联网配送管理

基于大数据技术，F公司推进了仓储车联网配送新模式，标志着物流配送管理进入了一个全新的时代。此模式依托于大数据，为F公司的

仓储中心、运输车辆与终端用户实现了实时互联。通过传感器和GPS，F公司能够实时监控车辆的位置、状态和运输货物的情况，保证配送的准确性和时效性；通过大数据分析，F公司优化了仓储布局和配送路线，系统会根据用户订单、交通状况、天气预报等多维度信息，智能规划出最优化的配送路线，大大减少了不必要的行驶距离和时间。此外，这种车联网模式大幅提高了货物安全性，任何货物的异常情况，如温度、湿度变化，或车辆的异常行驶状态，都会被实时监测并及时处理。联网配送加强了与用户的互动，用户可以随时查询订单状态，查看配送车辆的实时位置，甚至可以与配送员进行实时沟通，确保配送服务的高效性。基于大数据的仓储车联网配送新模式，不仅提升了物流效率，还增强了用户体验，将物流服务水平推向了新的高度。

参考文献

[1] 平海. 物流管理 [M]. 北京：北京理工大学出版社，2017.

[2] 王柏谊，王新宇. 物流管理 [M]. 哈尔滨：哈尔滨工业大学出版社，2016.

[3] 邹娟平，胡月阳，李艳. 基于物联网技术的现代物流管理研究 [M]. 青岛：中国海洋大学出版社，2019.

[4] 彭木根，刘雅琼，闫实，等. 物联网基础与应用 [M]. 北京：北京邮电大学出版社，2019.

[5] 谈慧. 物流信息管理（第四版）[M]. 大连：大连理工大学出版社，2019.

[6] 朱长征，朱云桦. 网络货运平台 [M]. 北京：清华大学出版社，2022.

[7] 赵鲁华，张俊明. 网络平台道路货运运营管理 [M]. 南京：西南交通大学出版社，2021.

[8] 王桂花. 供应链管理实务 [M]. 北京：高等教育出版社，2022.

[9] 张域莹. 电子商务环境下物流管理的创新发展研究 [J]. 中国商论，2022（19）：51-53.

[10] 张西林. 大数据环境下物流管理专业人才培养能力指标分析 [J]. 物流工程与管理，2022，44（10）：162-164，161.

[11] 仲文安康. 电子商务环境下供应链与物流管理的优化探讨 [J]. 中国物流与采购，2022（19）：109-110.

[12] 艾合塔木江·艾克热木."互联网 +"背景下中小企业物流管理研究 [J]. 中国物流与采购，2022（19）：98-99.

[13] 杜文雅.物联网应用于智能物流管理的策略研究 [J].中小企业管理与科技，2022（18）：120-122.

[14] 郑捷.供应链管理视角下物流管理流程的优化研究 [J].现代营销（上旬刊），2022（9）：136-138.

[15] 蒯大卫.基于互联网 + 中小企业物流管理模式探讨 [J].中国储运，2022（8）：179-181.

[16] 吴海军，周志华.基于供应链管理环境下的物流管理策略探析 [J].商场现代化，2022（12）：22-24.

[17] 郭智勇.基于"互联网 +"的中小企业物流管理模式探析 [J].物流工程与管理，2022，44（6）：136-138.

[18] 黄萌，程国江.市场营销环境下的物流管理创新途径研究 [J].物流工程与管理，2022，44（6）：149-150.

[19] 罗娟娟.基于 OBE 理念的物流管理专业点线面体四维递进式人才培养模式创新 [J].物流工程与管理，2022，44（6）：187-189.

[20] 张立华，王俊英."互联网 +"下中小企业物流管理优化性研究 [J].中国物流与采购，2022（11）：113-114.

[21] 零桂青.科技进步与创新对现代物流管理的影响 [J].中国物流与采购，2022（11）：95-96.

[22] 张志萍."互联网 +"下中小企业物流管理优化探究 [J].淮南职业技术学院学报，2022，22（2）：123-125.

[23] 庄树伟.低碳经济环境下实施绿色物流管理的有效策略探讨 [J].企业改革与管理，2022（7）：165-167.

[24] 李柏林.电子商务环境下的物流管理创新探索 [J].中国物流与采购，2022（4）：90-92.

[25] 翟宇翔.大数据在物流管理中的应用探究 [J].中国物流与采购,2022(4):110.

[26] 田娥.浅谈物流管理人员素质提升的重要性 [J].中国集体经济,2022(5):93-94.

[27] 李云.关于物流管理在电子商务新环境下的创新策略分析 [J].中国物流与采购,2022(3):95.

[28] 张博,张欢,温耀普.数字化背景下传统制造业物流管理信息化问题研究 [J].物流工程与管理,2022,44(1):147-149.

[29] 屈波.基于互联网背景的皮革企业物流管理策略研究 [J].西部皮革,2022,44(1):45-47.

[30] 徐丽蕊.皮革企业物流管理信息化建设策略分析 [J].中国皮革,2022,51(1):48-51.

[31] 杨玉婷.分析"互联网+"背景下企业物流管理优化性 [J].中外企业文化,2021(12):61-62.

[32] 李晓晨.现代绿色物流管理及其策略研究 [J].中国物流与采购,2021(24):77.

[33] 张玉洁.供应链管理模式下企业物流管理优化策略 [J].现代企业,2021(12):12-13.

[34] 席敏婕.校企融合模式下高职物流管理专业教学资源库建设途径研究 [J].中国新通信,2021,23(23):149-150.

[35] 孙树伟,张海燕.物流管理专业学生专业认同度现状调查:以江苏师范大学为例 [J].物流科技,2021,44(11):179-182.

[36] 潘婧.互联网时代电子商务与物流管理模式的优化 [J].中国储运,2021(11):174-175.

[37] 龙婷.现代物流管理课程混合式教学模式的创新策略研究 [J].中国储运,2021(11):99-100.

[38] 雷蕾.浅析现代物流管理在经济一体化背景下的发展[J].中国集体经济,2021(32):101-102.

[39] 戴博.人工智能背景下企业物流管理课程教学改革研究[J].中国物流与采购,2021(20):34-35.

[40] 付瑞媛.电子商务环境下的物流管理创新策略[J].营销界,2021(Z3):67-69.

[41] 巴哈尔古丽·牙合甫.电子商务环境下的物流管理创新策略分析[J].中国集体经济,2021(30):106-107.

[42] 张雪梅,陈浩然,胡佳薇.大数据背景下应用型物流管理人才培养模式研究[J].物流科技,2021,44(9):174-177.

[43] 张先腾.现代绿色物流管理及其策略研究[J].老字号品牌营销,2021(9):35-36.

[44] 罗雅情.大数据环境下物流管理创新研究[J].中国储运,2021(7):163-164.

[45] 张海瑞.电子商务环境下企业物流管理模式的改变[J].中国管理信息化,2021,24(11):78-80.

[46] 刘方玉.互联网时代电子商务与物流管理模式的优化[J].营销界,2021(20):44-45.

[47] 尹海林,李延德,陈萍,等.高校物流管理专业教学模式改革与创新研究[J].大学教育,2021(4):164-166.

[48] 杨岩.产教融合背景下物流管理专业应用型课程改革研究[J].产业与科技论坛,2021,20(6):180-181.

[49] 孙竞译.现代物流管理创新推动电商平台发展的路径研究[J].湖南邮电职业技术学院学报,2021,20(1):112-115.

[50] 陈胜男.大数据在物流管理中的应用分析[J].内蒙古煤炭经济,2021(5):179-180.

[51] 汤炜光，赵丽娟 . 互联网思维下中小企业物流管理策略探析 [J]. 全国流通经济，2021（7）：3-5.

[52] 刘海涛 . 低碳经济下的绿色物流管理策略探微 [J]. 财经界，2021（6）：34-35.

[53] 袁敏，王书静 . 大数据环境下物流管理专业人才在线培养优化研究 [J]. 物流工程与管理，2021，43（2）：163-165.

[54] 张奕 . 现代绿色物流管理及其策略研究 [J]. 商讯，2021（4）：156-157.

[55] 张荣明 . 基于信息化的供应链协同物流管理研究 [J]. 物流科技，2023，46（16）：125-127，163.

[56] 杨轶 . 基于电子商务环境的供应链物流管理与配送探析 [J]. 物流工程与管理，2023，45（8）：106-108.

[57] 钟晓云 . 供应链管理模式下企业物流管理完善措施分析 [J]. 老字号品牌营销，2022（20）：151-153.

[58] 陈璐雯 . 低碳经济环境下绿色物流管理的策略研究 [J]. 老字号品牌营销，2022（20）：36-38.

[59] 樊华 . 刍议超市生鲜农产品经营模式 [J]. 价值工程，2013，32（19）：31-32.

[60] 樊华 . 超市生鲜农产品 O2O 模式实施策略研究 [J]. 科技风，2014（21）：254，257.

[61] 樊华 . 超市生鲜农产品库存管理探究 [J]. 南方农业，2015，9（33）：136-137.

[62] 樊华，刘晓明 . 互联网环境下第三方物流企业平台化经营模式初探 [J]. 中国商论，2018（29）：14-16.

[63] 樊华 . 物流服务供应链运作管理模式探析 [J]. 科技风，2021（17）：149-150.

[64] 樊华，方萍 . 物流企业知识管理若干问题探究 [J]. 中小企业管理与科技价值工程，2022（16）：71-73.

[65] 樊华.新经济背景下数字化创新对物流业发展水平的影响研究 [J].商业经济研究，2024（18）：97-100.

[66] 樊华.物流企业数字化转型的整体框架与实施路径探讨 [J].现代商业，2024（24）：89-92.

[67] 李鲲程，范春梅，韩冬.数字化转型中数据建模的问题分析与应对策略 [J].通信世界，2023（18）：34-36.

[68] 沈光辉，陈明，程方昭，等.终身教育大数据应用模型与服务平台构建研究 [J].中国远程教育，2020（12）：59-68.

[69] 魏中龙.数字经济的内涵与特征研究 [J].北京经济管理职业学院学报，2021，36（2）：3-11.

[70] 陈建国，魏修建，朱丹.第三方物流服务商物流能力构成研究 [J].新疆财经，2008（6）：70-74.

[71] 赵启兰.大规模定制物流服务能力的构成分析 [J].北京交通大学学报（社会科学版），2010，9（4）：17-23.

[72] 张春霞.我国智慧物流发展对策 [J].中国流通经济，2013，27（10）：35-39.

[73] 刘旭峰，丁伟，许立群.电信运营商平台化经营探讨 [J].中国电信业，2012（1）：66-68.

[74] 冉莉.智能制造大数据平台应用探索 [J].上海信息化，2017（8）：44-47.

[75] 王凌峰.未来物流信息化的下一站："智能物流" [J].信息与电脑，2011（3）：50-51.